Bernd Ganser (Hg.)
Sandra Kroll-Gabriel

Lese-Rechtschreib-Schwierigkeiten – Fördermaterialien

Materialband: Lesen

Ideal für den Förderunterricht

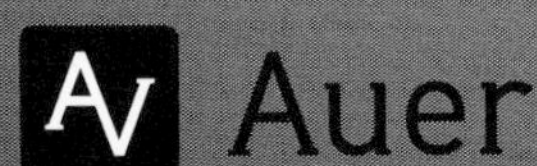

6. Auflage 2025

Autor*innen: Bernd Ganser (Hg.), Sandra Kroll-Gabriel
Illustrationen: Carmen Hochmann
Satz: Fotosatz H. Buck, Kumhausen
Druck und Bindung: PMLS – Print Management Logistics Solutions
ISBN 978-3-403-**06675**-0

www.auer-verlag.de

Inhaltsverzeichnis

Vorwort

Als kulturelle Grundfertigkeit ist die Lesekompetenz unabdingbare Voraussetzung für lebenslanges selbstständiges Lernen in allen schulischen und außerschulischen Bereichen. Sie gewinnt in unserer Informationsgesellschaft als elementare Schlüsselkompetenz für die Teilnahme am gesellschaftlichen und kulturellen Leben zusehends an Bedeutung. Eine schwache Lesefähigkeit setzt auch den erfolgreichen Einstieg ins Berufsleben deutlich herab. Daraus resultiert die besondere Verantwortung, leseschwache Kinder frühzeitig zu fördern.

Für wen ist dieses Fördermaterial gedacht?
Alle drei Bände dieser Reihe richten sich an

- Förderschullehrkräfte,
- Grundschullehrkräfte,
- Therapeuten und
- interessierte Eltern,

die Kinder mit Lese-Rechtschreibschwierigkeiten ein Stück voranbringen wollen und individuell einsetzbare Materialien für eine passgenaue Förderung suchen.

Auf der Basis einer individuellen Lernstandserhebung, wie sie in Band 1 dieser Reihe (Bestell-Nr. 06674) angeboten wird, erfolgt eine gezielte individuelle Unterstützung des Leselernprozesses. Schüler können durch motivierende Übungen ihre Fähigkeiten in einzelnen Schwerpunkten des Bereichs Lesen selbstständig verbessern.

Aufbau der Förderbausteine
Lesefertigkeit (Lesetechnik):

1. Lautebene
   Die Schüler wiederholen und sichern ihr Wissen über Laute. Der Einsatz der Handzeichen stellt hier eine besondere Unterstützungsmöglichkeit dar.
2. Silbenebene
   Die Schüler automatisieren das Silbenlesen und erkennen, dass sie rhythmisches Syllabieren im Leseprozess besonders bei schwierigen und langen Wörtern unterstützen kann. Das selbstständige Gliedern nach Silben ist hier besonders wichtig. Dabei wird streng nach den Sprechsilben vorgegangen, die nicht immer den orthografischen Regeln (z. B. E-le-fant) entsprechen.
3. Wortebene
   Die Schüler steigern ihre Lesefertigkeit auf der Wortebene. Die Anwendung des Lautierens und Syllabierens wird bei diesen Übungen gefestigt.
4. Satzebene
   Die Schüler erweitern ihre Lesefertigkeit auf Sätze. Dabei wenden sie die bereits gelernten Strategien an. Sie begreifen den Satz als Sinneinheit, der durch Wörter zusammengesetzt wird.
5. Textebene
   Auf der Textebene müssen die Schüler selbstständig auf das bereits gelernte Handwerkszeug zurückgreifen. Das Lesetempo steigert sich und sie können auch längere Texte in angemessenem Tempo lesen. Unterstützend wird hier das Syllabieren in Form von Silbenbögen oder farbiger Markierung angeboten.

Sinnentnahme (Sinnverständnis):

1. Wortebene
   Die Schüler lernen Gelesenes zu verstehen und in verschiedenen Formen umzusetzen.
2. Satzebene
   Das Leseverständnis erweitert sich auf die Satzebene. Den Schülern wird bewusst, dass das genaue Lesen hier hinter dem Lesetempo und dem Leseverständnis zurücktritt.
3. Textebene
   Das schrittweise gewonnene Wissen wird auf der Textebene umgesetzt. Jetzt sollen die Schüler bewusst selbst unterscheiden, wann das genaue Lesen und wann das schnelle sinnentnehmende Lesen erforderlich ist.

Wie arbeite ich mit diesen Materialien?

Die Materialien zum Lesenlernen sind jeweils in Form von sich selbst erklärenden Karteikarten und Kopiervorlagen abgedruckt. Dem vorausgehend finden Sie kurze Hinweise zur unterrichtspraktischen Durchführung mit Lösungsvorschlägen.

Karteikarten auf leichten Karton, evtl. farbig nach Lernbereichen stortiert, kopieren, laminieren, evtl. auch eine Lösungskartei anfertigen, die aufgelisteten Materialien bereitstellen, und schon kann es losgehen!

Dies gewährleistet eine Verwendung der Materialien für die Gestaltung des täglichen Lese- und Rechtschreibunterrichts und des Förderunterrichts. Ebenso hilfreich sind die Angebote für die Planung von Freiarbeit, Wochenplanarbeit und für häusliche Stützmaßnahmen. Der Reflexionsbogen (KV 1, S. 54) ermöglicht den Schülern eine bewusste Auseinandersetzung mit ihren Leistungen bei den einzelnen Übungen und dem Lehrer einen schnellen Überblick über bereits durchgeführte Aufgaben.

Aufbau der Reihe

Band 1: – Informelle Diagnosemöglichkeiten/Screening
– Basistraining: auditiv und visuell

Band 2: – Lesefertigkeit
– Sinnverständnis

Band 3: – Rechtschreibtraining

Um die Förderung der Lesekompetenz durch gezieltes Üben zu Hause fortzusetzen, wurde ein motivierendes Arbeitsheft entwickelt. „Mein Lese-Trainingsheft“ (Bestell-Nr. 06762) enthält zahlreiche auf diesen Materialband abgestimmte Trainingseinheiten.

Auch für das Rechtschreibtraining („Materialband: Rechtschreiben“, Bestell-Nr. 06676) ist ein entsprechendes Arbeitsheft erhältlich: „Mein Rechtschreib-Trainingsheft“ (Bestell-Nr. 06763).

Sie suchen noch eine motivierende Förderhilfe zum Lesen- und Rechtschreibenlernen, die nach dem Stufenmodell zum Schriftspracherwerb gegliedert ist? Kein Problem! Fragen Sie nach dem Auer-Buch „Damit hab ich es gelernt“ (Bestell-Nr. 03152).

Viel Freude und Erfolg beim Arbeiten mit Band 2.

Leseschieber

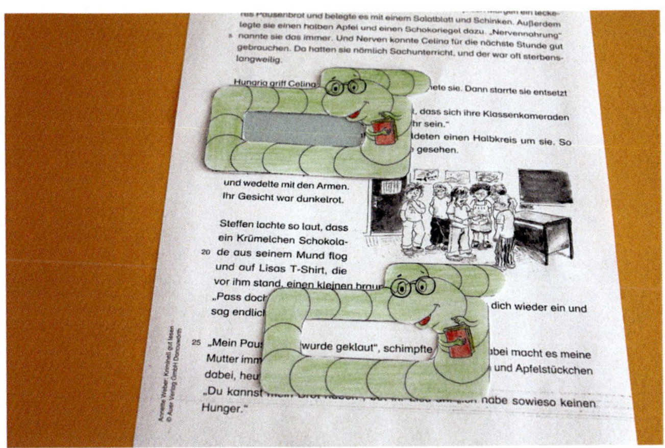

Förderbereich
- Leseprozess unterstützen
- Lesetempo individuell bestimmen

Material
- Leseschieber (KV 2, S. 55 oben)

Einsatz und Handhabung
- Mithilfe des Leseschiebers dem Leseniveau entsprechend lesen
- Tempo kann so individuell angepasst werden
- Einem Zeilenverrutschen wird vorgebeugt
- Konzentration auf relevanten Bereich durch teilweise Abdeckung des Textes

Variation/Kontrolle
- In Klassenstärke auf farbigen Karton kopieren und laminieren

Tipp
- Kann von den Schülern individuell gestaltet werden
- Durch Ausschneiden der Mitte kann der Leseschieber auch als Lesefenster eingesetzt werden

Lesepfeil

Förderbereich
- Leseprozess unterstützen
- Zeileneinhaltung erleichtern

Material
- Lesepfeil (KV 3, S. 55 unten)

Einsatz und Handhabung
- Mithilfe des Lesepfeils dem Leseniveau entsprechend lesen
- Einem Zeilenverrutschen wird vorgebeugt

Variation/Kontrolle
- In Klassenstärke auf farbigen Karton kopieren und laminieren

Tipp
- Kann von den Schülern individuell gestaltet werden

Handzeichen

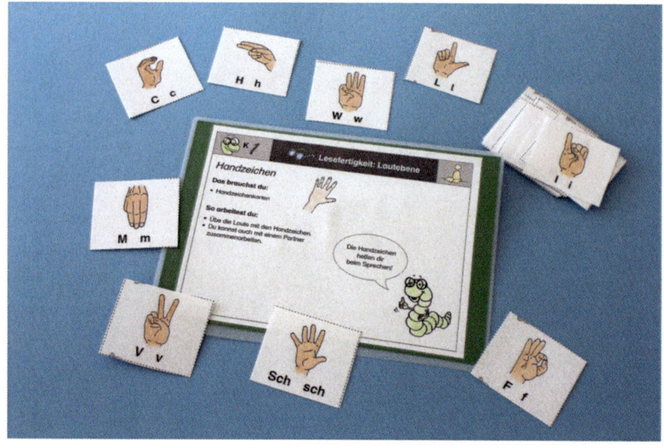

Förderbereich
- Buchstaben und Laute erfassen
- Handzeichen zur handlungsorientierten Unterstützung kennenlernen

Material
- Karteikarte K 1 (S. 31)
- Handzeichenkarten (KV 4, S. 56)

Einsatz und Handhabung
- Einzelarbeit
- Handzeichenkarten betrachten
- Einzelne Laute mithilfe der Handzeichen üben

Variation/Kontrolle
- Partnerspiel: Laute darstellen und erraten

Tipp
- KV 4 auf DIN A3 vergrößern
- Handzeichen laminieren und im Klassenzimmer aufhängen
- Karteikarte auf farbigen leichten Karton (Gruppe: Lesefertigkeit Lautebene) kopieren und laminieren

Geheimsprache

Förderbereich
- Handzeichen üben
- Mit Handzeichen Wörter erschließen

Material
- Karteikarte K 2 (S. 31)
- Handzeichenkarten (KV 4, S. 56)
- Arbeitsblatt Geheimsprache (KV 5, S. 57)

Einsatz und Handhabung
- Einzelarbeit
- Geheimschrift mithilfe der Handzeichen lesen

Variation/Kontrolle
- Partnerübung
- Durch eigene Wörter ergänzen

Tipp
- KV 4 auf DIN A3 vergrößern
- Karteikarte auf farbigen leichten Karton (Gruppe: Lesefertigkeit Lautebene) kopieren und laminieren

Lösung
Zebra, Salami, Nase, Ananas, Dino, Lose, Torte, Banane

Wie heißen die Tiere?

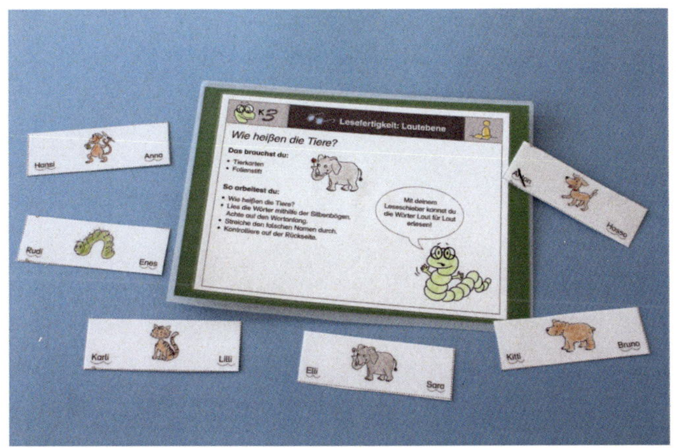

Förderbereich
- Lautierverfahren trainieren
- Laute analysieren
- Lautgetreue Wörter erlesen

Material
- Karteikarte K 3 (S. 32)
- Tierkarten (KV 6, S. 58 oben)

Einsatz und Handhabung
- Einzelarbeit
- Tiernamen mit gleichem Anlaut wie Tierbenennung finden
- Falschen Namen durchstreichen

Variation/Kontrolle
- Kontrolle auf der Rückseite

Tipp
- Vorlage laminieren und mit Zauberstift bearbeiten
- Karteikarte auf farbigen leichten Karton (Gruppe: Lesefertigkeit Lautebene) kopieren und laminieren

Lösung
Karli, Elli, Hasso, Bruno, Rudi, Anna

Buchstabenhäuser

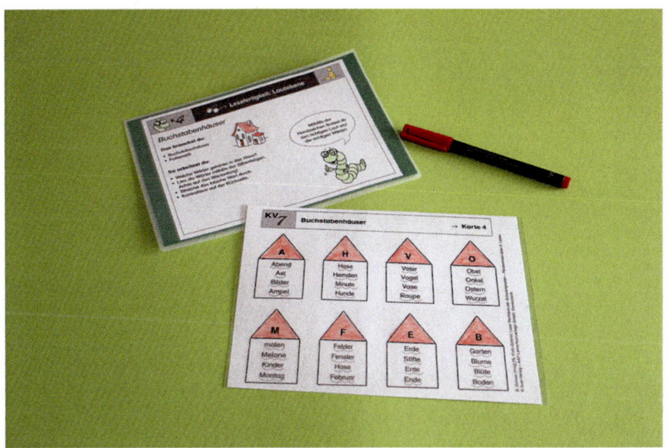

Förderbereich
- Lautierverfahren trainieren
- Laute analysieren
- Lautgetreue Wörter erlesen

Material
- Karteikarte K 4 (S. 32)
- Buchstabenhäuser (KV 7, S. 58 unten)

Einsatz und Handhabung
- Einzelarbeit
- Wörter mit gleichem Anlaut erkennen
- Falsche Wörter (1 Wort/Haus) durchstreichen

Variation/Kontrolle
- Kontrolle auf der Rückseite

Tipp
- Vorlage laminieren und mit Zauberstift bearbeiten
- Karteikarte auf farbigen leichten Karton (Gruppe: Lesefertigkeit Lautebene) kopieren und laminieren

Lösung
Bilder, Minute, Raupe, Wurzel, Kinder, Hose, Stifte, Garten

Flaschenstöpsel

Förderbereich
- Lautierverfahren trainieren
- Wörter aus Lauten zusammensetzen
- Lautgetreue Wörter erlesen

Material
- Karteikarte K 5 (S. 33)
- mind. 20 Flaschenstöpsel/Kronkorken/ Flaschenschraubverschlüsse
- Groß- und Kleinbuchstaben (A, L, M, N, O, R, S, W, 2x a, 2x e, i, l, m, n, o, r, s, w) auf verschiedenfarbige Klebepunkte schreiben, in die Stöpsel kleben und zu einem Wort (siehe unten) zusammenfassen

Einsatz und Handhabung
- Einzelarbeit
- Aus der ungeordneten Buchstabenfolge ein Wort lautieren

Variation/Kontrolle
- Weitere Wörter, evtl. mit neuen Buchstaben vorgeben
- Partnerspiel: Alle Flaschenstöpsel zur Verfügung stellen; Schüler stellen selbst Buchstaben zusammen und geben sie als Rätsel ihrem Partner

Tipp
- Handzeichenkarten (KV 4, S. 56) als Unterstützung anbieten

Wortmaterial
Salami, Limone, Rose, Melone, Amsel, Lawine, Rosine, Name, Sirene, Wale, Lama, Oma

Buchstabengitter

Förderbereich
- Lautierverfahren trainieren
- Wörter aus Lauten zusammensetzen
- Lautgetreue Wörter erlesen

Material
- Karteikarte K 6 (S. 33)
- Buchstabengitterkarten (KV 8, S. 59)

Einsatz und Handhabung
- Einzelarbeit
- Wort lesen
- Fehlenden Buchstaben ergänzen

Variation/Kontrolle
- Kontrolle auf der Rückseite

Tipp
- Vorlage laminieren und mit Zauberstift bearbeiten
- Karteikarte auf farbigen leichten Karton (Gruppe: Lesefertigkeit Lautebene) kopieren und laminieren

Lösung
Hand, Lama, Rose; Nase, Dose, Erde; Amsel, Nagel, Tante; Tomate, Wolken, Pinsel; Melone, Ananas, Bücher

Silbenblitz

Förderbereich
- Die häufigsten Silben ganzheitlich erfassen

Material
- Karteikarte K 7 (S. 34)
- Silbenkarten (KV 9, S. 60)

Einsatz und Handhabung
- Partnerarbeit
- Karten kurz hochhalten
- Partner lesen Silbe vor

Variation/Kontrolle
- Einzelarbeit

Tipp
- Vorlage auf mind. DIN A3 vergrößern oder Silben auf Karteikarten schreiben
- Zeitmessung einbauen
- Karteikarte auf farbigen leichten Karton (Gruppe: Lesefertigkeit Silbenebene) kopieren und laminieren

Silbendomino

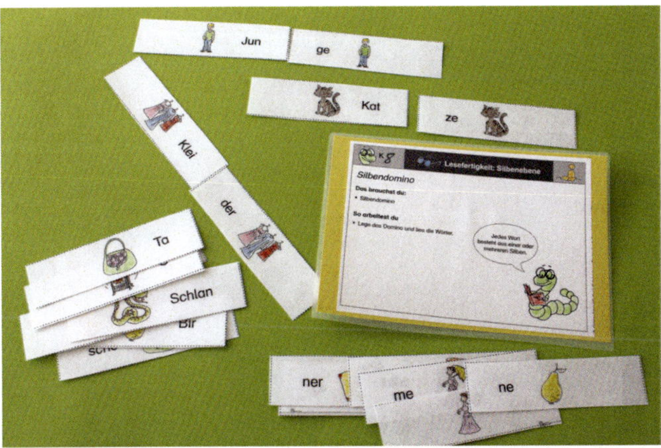

Förderbereich
- Wörter nach Silben erfassen
- Lautgetreue Wörter erlesen

Material
- Karteikarte K 8 (S. 34)
- Silbendomino (KV 10, S. 61)

Einsatz und Handhabung
- Domino legen
- Wörter syllabierend erlesen

Variation/Kontrolle
- Bilder

Tipp
- Vorlage auf leichten Karton kopieren, laminieren und zuschneiden
- Karteikarte auf farbigen leichten Karton (Gruppe: Lesefertigkeit Silbenebene) kopieren und laminieren

Purzelsilben

Förderbereich
- Wörter nach Silben erfassen und lesen

Material
- Karteikarte K 9 (S. 35)
- Purzelsilbenkarten (KV 11, S. 62)
- Schnur
- kleine Wäscheklammern

Einsatz und Handhabung
- Partnerarbeit
- Wörter aus Silbenkärtchen legen
- An der Schnur mit Wäscheklammern befestigen
- Wörter lesen

Variation/Kontrolle
- Silben ohne Schnur aneinanderlegen
- Kontrolle durch den Partner
- Symbole auf Silbenkärtchen

Tipp
- Jeweils die erste Silbe kennzeichnen
- Wörter auf leichten Karton auf DIN A3 kopieren, laminieren und ausschneiden
- Karteikarte auf farbigen leichten Karton (Gruppe: Lesefertigkeit Silbenebene) kopieren und laminieren

Lösung
Tomatensuppenschüssel, Fensterbrett, Tannenzapfen, Entenschnabel, Hamsterfutter, Regenwurm, Vogelkäfig, Kindergartengebäude, Schmetterling, Schokolade, Badewanne, Schreibtischlampe, Radiergummi

Immer länger!

Förderbereich
- Wörter nach Silben erfassen und lesen

Material
- Karteikarte K 10 (S. 35)
- Lesekarten (KV 12, S. 63)
- leere Karteikarten (liniert)

Einsatz und Handhabung
- Partnerarbeit
- Abwechselnd Wörter nach Silben erlesen

Variation/Kontrolle
- Eigene Lesekarten erstellen lassen

Tipp
- Lesekarten laminieren
- Silbenbögen zur Unterstützung einzeichnen lassen
- Karteikarte auf farbigen leichten Karton (Gruppe: Lesefertigkeit Silbenebene) kopieren und laminieren

Silbentanz

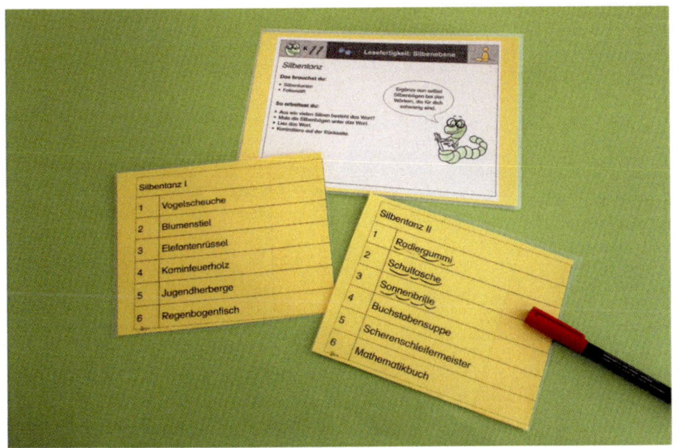

Förderbereich
- Wörter nach Silben gliedern
- Wörter mithilfe von Silbenbögen erlesen

Material
- Karteikarte K 11 (S. 36)
- Silbentanzkarten (KV 13, S. 64), Lösungsspalte umklappen und festkleben

Einsatz und Handhabung
- Einzelarbeit
- Silbenbögen unter die Wörter zeichnen
- Wörter syllabierend erlesen

Variation/Kontrolle
- Kontrolle auf der Rückseite
- Wörter nach Silben klatschen

Tipp
- Silbenkarten laminieren und mit Zauberstift bearbeiten
- Karteikarte auf farbigen leichten Karton (Gruppe: Lesefertigkeit Silbenebene) kopieren und laminieren

Silben-auf-Silben

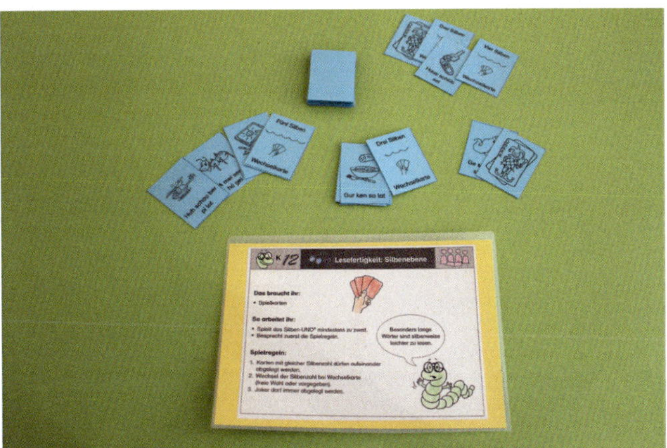

Förderbereich
- Wörter nach Silben zerlegen
- Wörter syllabierend erlesen

Material
- Karteikarte K 12 (S. 36)
- Spielkarten (KV 14, S. 65)

Einsatz und Handhabung
- Gruppenarbeit
- Spielregeln nach dem bekannten UNO-Spiel
- Immer Karten mit gleicher Silbenzahl abgelegen
- Joker dürfen immer abgelegt werden
- Wechselkarten:
  Wechsel der Silbenzahl nach Vorgabe
  Freie Wahl: Spieler darf die nächste Silbenanzahl bestimmen

Variation/Kontrolle
- Partnerarbeit

Tipp
- KV 14 mind. auf DIN A3 vergrößern
- Karteikarte auf farbigen leichten Karton (Gruppe: Lesefertigkeit Silbenebene) kopieren und laminieren

Sortiermaschine

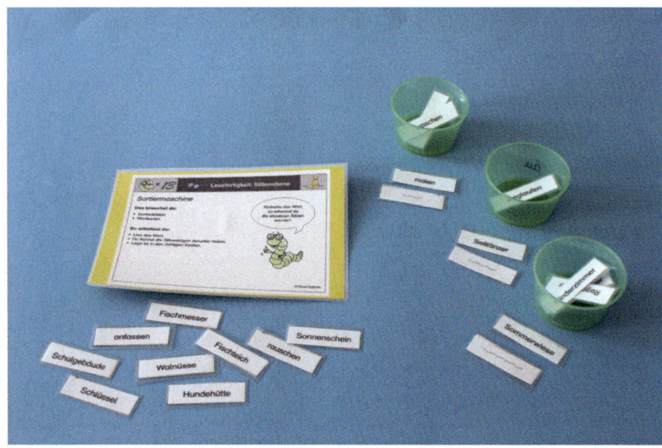

Förderbereich
- Wörter nach Silben gliedern
- Wörter mit Hilfe nach Silben erlesen

Material
- Karteikarte K 13 (S. 37)
- Wortkärtchen (KV 15, S. 66), Silbenbögen als Lösung umknicken und festkleben
- 3 Sortierschachteln mit Silbenbögen beschriftet

Einsatz und Handhabung
- Einzelarbeit
- Kärtchen entsprechend einsortieren

Variation/Kontrolle
- Kontrolle auf der Rückseite

Tipp
- Sortierkästen können für eigenes Wortmaterial verwendet werden
- Karteikarte auf farbigen leichten Karton (Gruppe: Lesefertigkeit Silbenebene) kopieren und laminieren
- KV 15 auf leichten Karton kopieren und laminieren

Reise zum Planeten Silbinien

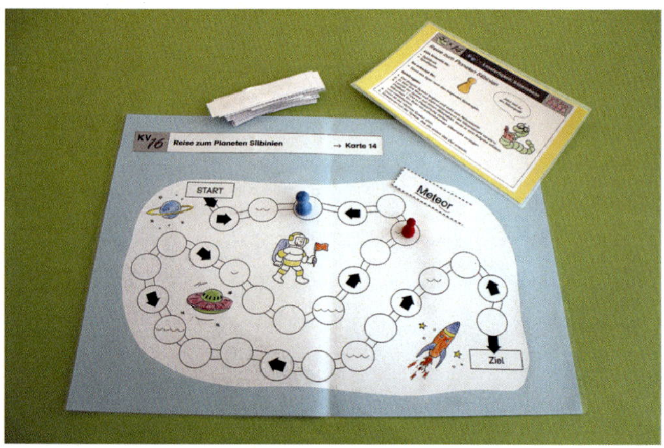

Förderbereich
- Wörter nach Silben gliedern
- Wörter mit Hilfe nach Silben erlesen

Material
- Karteikarte K 14 (S. 37)
- Spielbrett (KV 16, S. 67)
- Aktionskarten (KV 16, S. 67)

Einsatz und Handhabung
- Gruppenspiel
- Aktionskarten nacheinander ziehen und Wort erlesen
- Entsprechend der Silbenanzahl vorwärtsziehen
- Aktionsfelder:
  Pfeil: ein Feld zurück bzw. vorwärts
  Silbenbögen: ein entsprechendes Wort muss gefunden werden
- Sieger ist, wer zuerst das Ziel erreicht

Variation/Kontrolle
- Kontrolle durch Mitspieler

Tipp
- KV 16 auf DIN A3 vergrößern
- Karteikarte auf farbigen leichten Karton (Gruppe: Lesefertigkeit Silbenebene) kopieren und laminieren

Blitzlesen

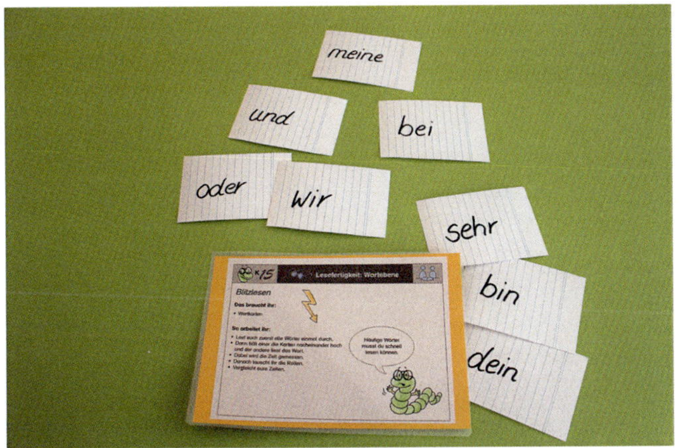

Förderbereich
- Häufige Wörter ganzheitlich erfassen

Material
- Karteikarte K 15 (S. 38)
- Wortkarten (KV 17, S. 68)
- Stoppuhr

Einsatz und Handhabung
- Partnerarbeit
- Karten hochhalten
- Partner lesen das Wort
- Zeitmessung nach Probedurchlauf

Variation/Kontrolle
- Einzelarbeit mit Lehrkraft
- Zeit notieren und bei Wiederholung vergleichen
- Kontrolle durch Partner

Tipp
- KV 17 auf DIN A3 vergrößern und laminieren
- Karteikarte auf farbigen leichten Karton (Gruppe: Lesefertigkeit Wortebene) kopieren und laminieren
- Wörter auf leere Karteikarten schreiben

Wörterteppich

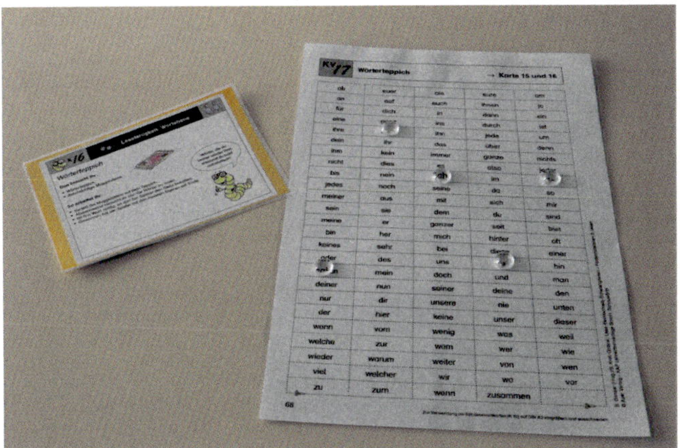

Förderbereich
- Häufige Wörter ganzheitlich erfassen

Material
- Karteikarte K 16 (S. 38)
- Spielbrett Wörterteppich (KV 17, S. 68)
- 30 durchsichtige Muggelsteine

Einsatz und Handhabung
- Partnerarbeit
- Durchsichtige Muggelsteine auf den Wörtern verteilen
- Abwechselnd die häufigen Wörter erlesen
- Bei richtigem Wort darf der Spieler den Stein behalten
- Sieger ist, wer am Ende die meisten Steine gesammelt hat

Variation/Kontrolle
- Gruppenspiel
- Kontrolle durch Mitspieler

Tipp
- KV 17 auf DIN A3 vergrößern und unterteilen (6 x 3 Felder)
- Karteikarte auf farbigen leichten Karton (Gruppe: Lesefertigkeit Wortebene) kopieren und laminieren

Wörterberge

Förderbereich
- Lesefertigkeit auf Wortebene fördern
- Durch Vergrößerung der Blickspannweite genauer lesen

Material
- Karteikarte K 17 (S. 39)
- Wörterbergkarten (KV 18, S. 69)

Einsatz und Handhabung
- Partnerarbeit
- Wörterberge schrittweise erlesen

Variation/Kontrolle
- Kontrolle durch Partner

Tipp
- Silbenbögen bei schwachen Lesern ergänzen
- Karteikarte auf farbigen leichten Karton (Gruppe: Lesefertigkeit Wortebene) kopieren und laminieren
- KV 18 auf für LRS-Kinder im Kontrast angenehmeres hellblaues Papier kopieren, laminieren und ausschneiden

Japanisch

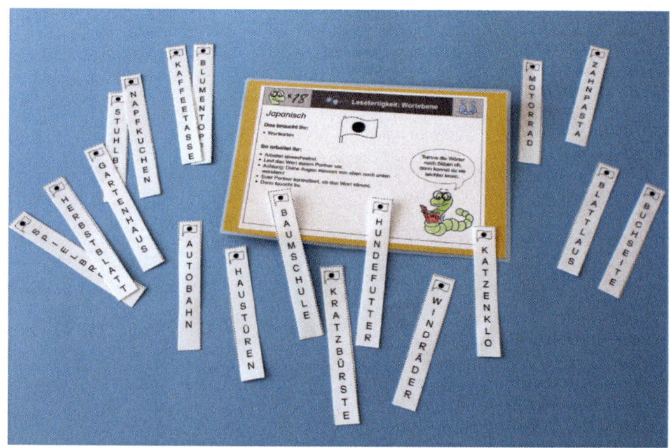

Förderbereich
- Lesefertigkeit auf Wortebene fördern
- Durch Augentraining genauer lesen

Material
- Karteikarte K 18 (S. 39)
- Wortkärtchen (KV 19, S. 70 oben)

Einsatz und Handhabung
- Partnerarbeit
- Wörter lautierend erlesen

Variation/Kontrolle
- Kontrolle durch Partner

Tipp
- KV 19 vergrößert kopieren und laminieren
- Karteikarte auf farbigen leichten Karton (Gruppe: Lesefertigkeit Wortebene) kopieren und laminieren

Wörterhaus

Förderbereich
- Lesefertigkeit auf Wortebene fördern
- Wörter erschließen

Material
- Karteikarte K 19 (S. 40)
- Wörterhaus (KV 20, S. 70 unten), Fenster ausschneiden und eine Rückseite aufkleben
- Wortschiebestreifen (KV 20, S. 70 unten)

Einsatz und Handhabung
- Partnerarbeit
- Wort durch die Fenster des Wörterhauses schieben, sodass der Partner mitlesen kann
- Wort vorlesen

Variation/Kontrolle
- Kontrolle durch Mitspieler

Tipp
- KV 20 vergrößert kopieren
- Eigene Wörter ergänzen
- Karteikarte auf farbigen leichten Karton (Gruppe: Lesefertigkeit Wortebene) kopieren und laminieren

Tempo-Bingo

Förderbereich
- Lesefertigkeit auf Wortebene fördern
- Ähnliche Wörter unterscheiden

Material
- Karteikarte K 20 (S. 40)
- Tempo-Bingokarten (KV 21, S. 71 oben), eine als Ansagekarte, die anderen 3 für jeden Mitspieler als Spielplan
- Spielchips

Einsatz und Handhabung
- Gruppenarbeit
- Spielführer liest die Wörter durcheinander vor
- Mitspieler legen Spielchips auf die Wörter
- Wer zuerst eine waagrechte, senkrechte oder diagonale Reihe von drei Wörtern hat, ruft „Bingo“

Variation/Kontrolle
- Kontrolle durch Mitspieler

Tipp
- KV 21 auf DIN A4 vergrößern
- Muggelsteine als Spielchips verwenden
- Karteikarte auf farbigen leichten Karton (Gruppe: Lesefertigkeit Wortebene) kopieren und laminieren

Wörterrallye

Förderbereich
- Lesefertigkeit auf der Wortebene fördern
- Wörter rasch erschließen
- Lesetempo steigern

Material
- Karteikarte K 21 (S. 41)
- Arbeitsblatt (KV 23, S. 72)
- evtl. Stoppuhr

Einsatz und Handhabung
- Partnerarbeit
- Im Wettkampf so schnell wie möglich zum Bild das richtige Wort finden

Variation/Kontrolle
- Kontrolle durch Partner

Tipp
- Zeit messen und vergleichen
- Karteikarte auf farbigen leichten Karton (Gruppe: Lesefertigkeit Wortebene) kopieren und laminieren
- Eignet sich auch als Übung zur Sinnentnahme

Lösung
Tisch, Tonne, Zange, Buch, Stift, Käse, Hund, Kerze, Raupe, Ball, Eier, Wecker

Fehlerteufel

Förderbereich
- Wörter genau lesen
- Falsche Wörter erkennen

Material
- Karteikarte K 22 (S. 41)
- Fehlerteufelkarten (KV 22, S. 71 unten), Lösungsspalte umklappen und festkleben

Einsatz und Handhabung
- Einzelarbeit
- Drei falsche Wörter identifizieren

Variation/Kontrolle
- Kontrolle auf der Rückseite

Tipp
- KV 22 auf für LRS-Kinder förderliches hellblaues Papier kopieren, laminieren und mit Zauberstift bearbeiten
- Karteikarte auf farbigen leichten Karton (Gruppe: Lesefertigkeit Wortebene) kopieren und laminieren

Würfelwörter

Förderbereich
- Lesefertigkeit auf Wortebene fördern
- Teilanalogien im Wort erkennen

Material
- Karteikarte K 23 (S. 42)
- große (ca. 10 cm Kantenlänge) Würfel mit entsprechenden Buchstaben beschriftet (z. B. mit Blankovorlage KV 29, S. 79)
- Arbeitsblatt (KV 24, S. 73)

Einsatz und Handhabung
- Partnerarbeit
- Zur Vorbereitung Arbeitsblatt einsetzen, nachfolgende Wörter erst nach Erlesen aufdecken
- Aufbau von Wörtern mit Buchstabenwürfeln nachstellen
- Neue Wörter durch Austausch bestimmter Würfel produzieren

Variation/Kontrolle
- Verschiedene Positionen bleiben frei; Welcher Buchstabe könnte hineinpassen?
- Differenzierung: Nur erstes Wort vorgeben und Arbeitsblatt zur Kontrolle geben
- Kontrolle durch Partner

Tipp
- „Zauberspruch“ verwenden: „Zauber zauber meck meck meck, und schon ist das M ganz weg!“

Buchstabenaufzug

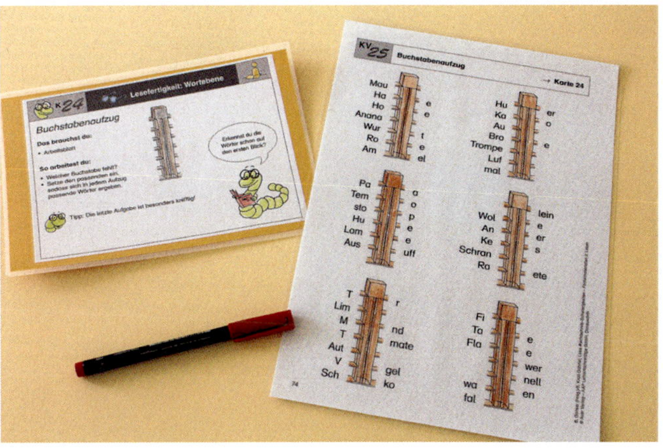

Förderbereich
- Lesefertigkeit auf Wortebene fördern
- Einen bestimmten Buchstaben an verschiedenen Positionen im Wort entdecken

Material
- Karteikarte K 24 (S. 42)
- Arbeitsblatt (KV 25, S. 74)

Einsatz und Handhabung
- Einzelarbeit
- Passenden Buchstaben finden und einsetzen
- Wörter lesen
- Besonders knifflig: die letzte Aufgabe, da „sch“

Variation/Kontrolle
- Partnerarbeit
- Buchstaben im Aufzug bereits vorgeben

Tipp
- Karteikarte auf farbigen leichten Karton (Gruppe: Lesefertigkeit Wortebene) kopieren und laminieren

Lösung
s, t, p, k, o, sch

Satzberge

Förderbereich
- Lesefertigkeit auf Satzebene fördern
- Lesetempo steigern

Material
- Karteikarte K 25 (S. 43)
- Satzbergkarten (KV 26, S. 75)

Einsatz und Handhabung
- Partnerarbeit
- Abwechselnd die Sätze vorlesen

Variation/Kontrolle
- In unterschiedlichem Tempo lesen
- Eigene Satzberge erstellen
- Kontrolle durch den Partner

Tipp
- Silbenbögen als Unterstützung unter die Wörter ergänzen
- KV 26 auf für LRS-Kinder förderlicheres hellblaues Papier kopieren
- Karteikarte auf farbigen leichten Karton (Gruppe: Lesefertigkeit Satzebene) kopieren und laminieren

Zaubersätze

Förderbereich
- Wörter ganzheitlich erfassen
- Lesefertigkeit auf Satzebene steigern

Material
- Karteikarte K 26 (S. 43)
- Zaubersatzkarten (KV 27, S. 76 f.)
- Lupe

Einsatz und Handhabung
- Partnerarbeit
- Abwechselnd aus Rätselschrift die Zaubersätze erlesen

Variation/Kontrolle
- Text in anderer Rätselschrift abschreiben lassen
- Kontrolle mit Lupe

Tipp
- Karteikarte auf farbigen leichten Karton (Gruppe: Lesefertigkeit Satzebene) kopieren und laminieren
- Als Stationentraining einsetzbar
- KV 27 auf für LRS-Kinder im Kontrast angenehmeres hellblaues Papier kopieren

Satzfächer

Förderbereich
- Lesefertigkeit auf Satzebene fördern
- Satz als Sinneinheit erfassen

Material
- Karteikarte K 27 (S. 44)
- Satzstreifen (KV 28, S. 78)
- Musterbeutelklammern, um aus den Satzstreifen Fächer zusammenzustellen

Einsatz und Handhabung
- Partnerarbeit
- Aus den einzelnen Wörtern einen sinnvollen Satz bilden

Variation/Kontrolle
- Differenzierung: Auf KV 28 ist auf den linken Satzfächern der Satzanfang durch Großbuchstaben gekennzeichnet, bei den rechten sind mehrere Lösungen möglich
- Kontrolle durch Partner

Tipp
- Silbenbögen zur Unterstützung einfügen
- Karteikarte auf farbigen leichten Karton (Gruppe: Lesefertigkeit Satzebene) kopieren und laminieren

Lösung (je ein Beispiel)
Wir malen ein buntes Bild./Eva gießt die bunten Blumen./Tom fischt einen großen Fisch./Auf der Wiese summen Bienen./Nina nascht die leckere Schokolade./Im Sommer scheint die Sonne.

Satzwürfel

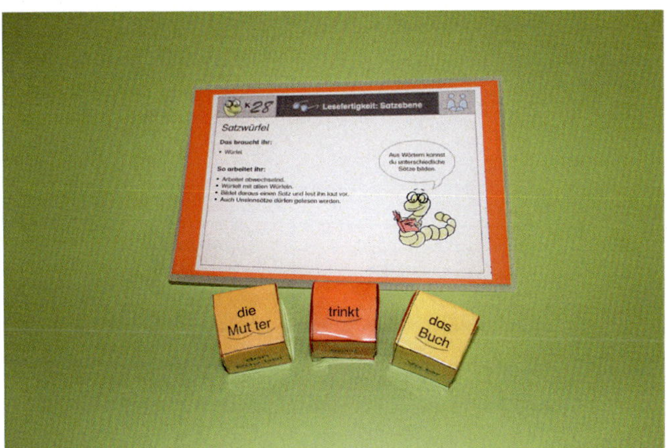

Förderbereich
- Lesefertigkeit auf Satzebene fördern
- Satz als Sinneinheit erfassen
- Lesefreude durch Unsinnsätze wecken

Material
- Karteikarte K 28 (S. 44)
- Satzwürfel (KV 29, S. 79)

Einsatz und Handhabung
- Partnerarbeit
- Würfeln und Sätze bilden
- Auch Unsinnsätze sind richtig

Variation/Kontrolle
- Mit Blankowürfel neue Satzteile (z. B. Orts- und Zeitangaben) ergänzen
- Kontrolle durch Partner

Tipp
- KV 29 auf Karton auf DIN A3 vergrößert kopieren, laminieren, ausschneiden und zusammenkleben
- Karteikarte auf farbigen leichten Karton (Gruppe: Lesefertigkeit Satzebene) kopieren und laminieren

Leseberge

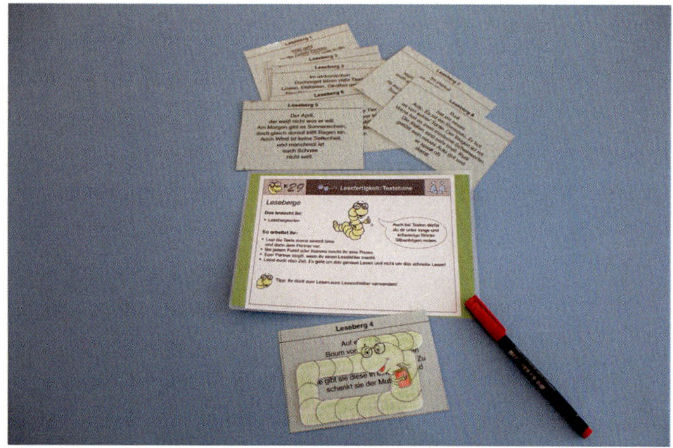

Förderbereich
- Lesekompetenz auf Textebene steigern
- Lesetempo steigern
- Zeilensprung trainieren

Material
- Karteikarte K 29 (S. 45)
- Lesebergkarten (KV 30, S. 80)

Einsatz und Handhabung
- Partnerarbeit
- Abwechselnd die Leseberge lesen
- Punkt und Komma geben Pausen vor

Variation/Kontrolle
- Kontrolle durch Partner

Tipp
- Leseschieber (KV 2, S. 55 oben) verwenden
- KV 30 auf für LRS-Kinder im Kontrast angenehmeres hellblaues Papier auf DIN A3 vergrößert kopieren, laminieren und ausschneiden
- Silbenbögen zur Unterstützung ergänzen
- Karteikarte auf farbigen leichten Karton (Gruppe: Lesefertigkeit Textebene) kopieren und laminieren

Silbentexte

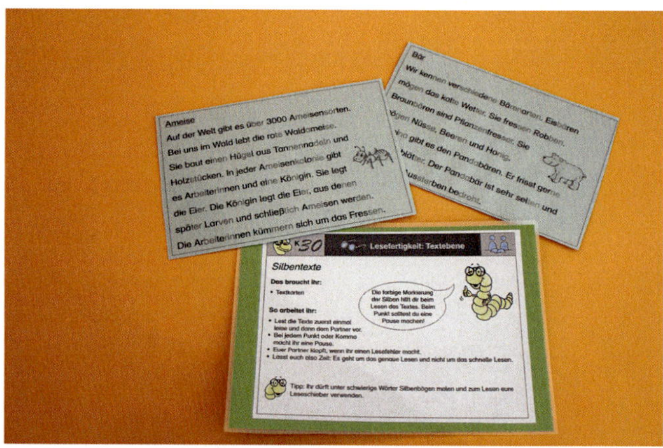

Förderbereich
- Lesekompetenz auf Textebene steigern
- Lesetempo steigern

Material
- Karteikarte K 30 (S. 45)
- Silbentextkarten (KV 31, S. 81)

Einsatz und Handhabung
- Partnerarbeit
- Texte lesen
- Silbenmarkierung als Hilfe

Variation/Kontrolle
- Kontrolle durch Partner

Tipp
- Leseschieber (KV 2, S. 55 oben) verwenden
- KV 31 auf für LRS-Kinder förderliches hellblaues Papier kopieren
- Silbenbögen zur Unterstützung ergänzen
- Karteikarte auf farbigen leichten Karton (Gruppe: Lesefertigkeit Textebene) kopieren und laminieren

Kuckuckseier

Förderbereich
- Sinnentnahme auf Wortebene steigern
- Wörter einem Oberbegriff zuordnen

Material
- Karteikarte K 31 (S. 46)
- Kuckuckseier (KV 32, S. 82 oben)

Einsatz und Handhabung
- Einzelarbeit
- Wörter lesen und einem Oberbegriff zuordnen
- Falsches Wort markieren

Variation/Kontrolle
- Als Partnerspiel möglich
- Lösung auf der Rückseite

Tipp
- KV 32 auf DIN A4 vergrößern, laminieren und ausschneiden
- Karteikarte auf farbigen leichten Karton (Gruppe: Sinnentnahme Wortebene) kopieren und laminieren

Lösung
Gurke, Banane, Stift, Kirsche, Tiger, Kaktus, Pferd, Krokodil, Tiger, Bürste, Kleber, Ofen, Gabel, Ente, CD, Katze

Wörterkette

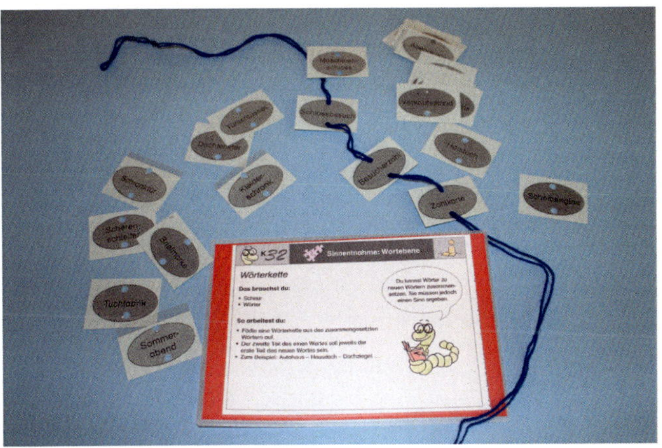

Förderbereich
- Sinnentnahme auf Wortebene steigern
- Zusammengesetzte Wörter bilden

Material
- Karteikarte K 32 (S. 46)
- Schnur
- Wörterkette (KV 33, S. 82 unten), jeweils oben und unten lochen

Einsatz und Handhabung
- Einzelarbeit
- Reihenfolge von zusammengesetzten Wörtern bilden, bei denen der zweite Wortteil der Anfang des nächsten ist
- Singgemäß zu einer Wörterkette auffädeln

Variation/Kontrolle
- Partnerarbeit

Tipp
- KV 33 auf DIN A4 vergrößern, laminieren und ausschneiden
- Karteikarte auf farbigen leichten Karton (Gruppe: Sinnentnahme Wortebene) kopieren und laminieren

Lösung
Vgl. Anordnung auf KV 33

Bilderrätsel

Förderbereich
- Sinnentnahme auf Wortebene steigern
- Wörter Bildern zuordnen

Material
- Karteikarte K 33 (S. 47)
- Arbeitskarte (KV 34, S. 83 oben)

Einsatz und Handhabung
- Einzelarbeit
- Wörter lesen und mit den entsprechenden Bildern verbinden

Variation/Kontrolle
- Kontrolle auf der Rückseite

Tipp
- Vorlage laminieren und mit Zauberstift bearbeiten
- Karteikarte auf farbigen leichten Karton (Gruppe: Sinnentnahme Wortebene) kopieren und laminieren

Lösung

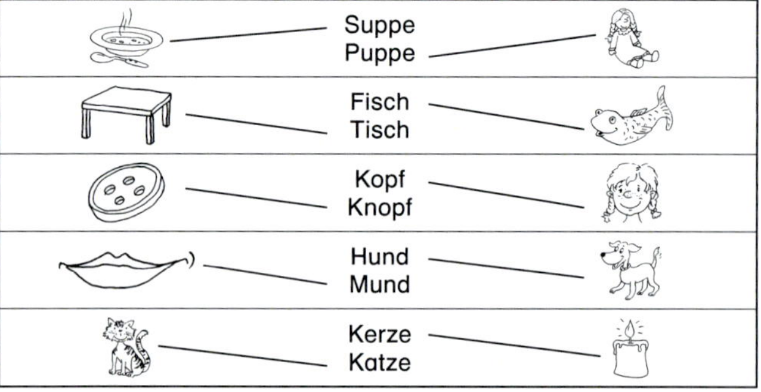

Versteckte Tiere

Förderbereich
- Sinnentnahme auf Wortebene fördern
- Wortzusammensetzungen mit Tierwörtern erproben

Material
- Karteikarte K 34 (S. 47)
- Arbeitsblatt (KV 35, S. 83 unten)

Einsatz und Handhabung
- Einzelarbeit
- Wörter lesen und das Tier im Wort markieren
- Wort mit dem passenden Bild verbinden

Variation/Kontrolle
- Kontrolle auf der Rückseite

Tipp
- Vorlage laminieren und mit Zauberstift bearbeiten
- Karteikarte auf farbigen leichten Karton (Gruppe: Sinnentnahme Wortebene) kopieren und laminieren

Lösung

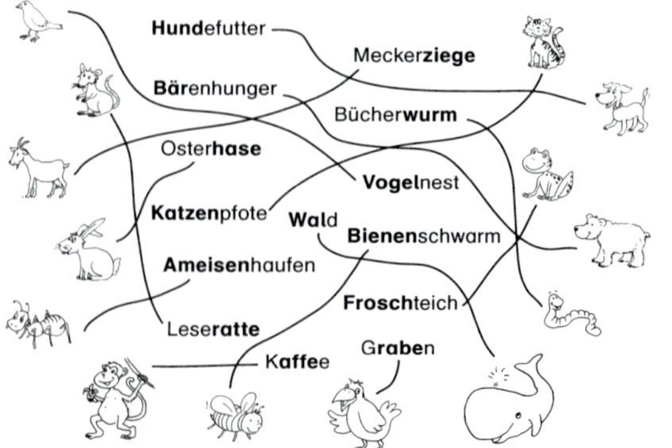

Was gibt es im Garten?

Förderbereich
- Sinnentnahme auf Wortebene steigern
- Wörter einem Oberbegriff zuordnen
- Unpassende Wörter aussortieren

Material
- Karteikarte K 35 (S. 48)
- Arbeitsblatt (KV 36, S. 84)

Einsatz und Handhabung
- Einzelarbeit
- Wörter lesen und einem Oberbegriff zuordnen
- Alle Wörter, die zum Wortfeld Garten passen, markieren

Variation/Kontrolle
- Partnerspiel
- Kontrolle auf der Rückseite

Tipp
- KV 36 laminieren und mit Zauberstift bearbeiten
- Karteikarte auf farbigen leichten Karton (Gruppe: Sinnentnahme Wortebene) kopieren und laminieren

Lösung
Gießkanne, Blume, Teich, Rasen, Schaufel, Gras, Baum

Was gibt es in der Küche?

Förderbereich
- Sinnentnahme auf Wortebene steigern
- Wörter einem Oberbegriff zuordnen
- Unpassende Wörter aussortieren

Material
- Karteikarte K 36 (S. 48)
- Arbeitsblatt (KV 37, S. 85)

Einsatz und Handhabung
- Einzelarbeit
- Wörter lesen und einem Oberbegriff zuordnen
- Alle Wörter, die zum Wortfeld Küche passen, markieren

Variation/Kontrolle
- Partnerspiel
- Kontrolle auf der Rückseite

Tipp
- KV 37 laminieren und mit Zauberstift bearbeiten
- Karteikarte auf farbigen leichten Karton (Gruppe: Sinnentnahme Wortebene) kopieren und laminieren

Lösung
Regal, Topf, Kartoffeln, Suppe, Flasche, Herd, Zucker

Stolpersätze

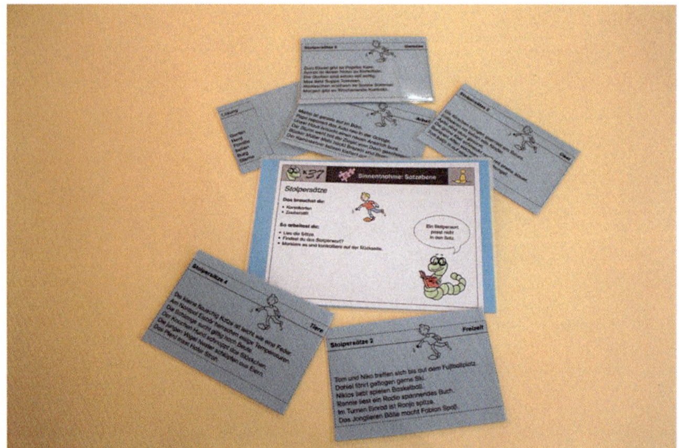

Förderbereich
- Sinnentnahme aus Sätzen fördern
- Stolperwörter erkennen

Material
- Karteikarte K 37 (S. 49)
- Stolpersatzkarten (KV 38, S. 86), Lösungsspalte nach hinten umknicken und laminieren
- Zauberstift

Einsatz und Handhabung
- Einzelarbeit
- Sätze lesen
- Stolperwort identifizieren

Variation/Kontrolle
- Kontrolle auf der Rückseite

Tipp
- Als Stationentraining einsetzbar
- KV 38 auf DIN A3 vergrößern, auf für LRS-Kinder förderlicheres hellblaues Papier kopieren, laminieren und ausschneiden
- Karteikarte auf farbigen leichten Karton (Gruppe: Sinnentnahme Satzebene) kopieren und laminieren

Schmetterlingssätze

Förderbereich
- Sinnverstehendes Lesen auf Satzebene fördern
- Satzteile zu sinnvollen Sätzen verbinden

Material
- Karteikarte K 38 (S. 49)
- Schmetterlinge (KV 39, S. 87), laminieren und als Hälften ausschneiden

Einsatz und Handhabung
- Partnerarbeit
- Passende Satzteile finden und aneinanderlegen

Variation/Kontrolle
- Einzelarbeit
- Kontrolle durch Bemalung auf der Rückseite

Tipp
- KV 39 auf für LRS-Kinder förderlicheres hellblaues Papier kopieren
- Karteikarte auf farbigen leichten Karton (Gruppe: Sinnentnahme Satzebene) kopieren und laminieren

Lösung
Vgl. Anordnung auf KV 39

Wahr oder falsch?

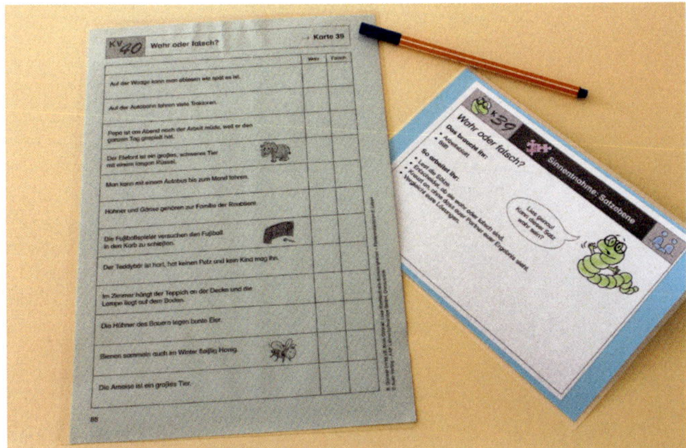

Förderbereich
- Genaues Lesen schulen
- Leseverständnis fördern

Material
- Karteikarte K 39 (S. 50)
- Arbeitsblatt (KV 40, S. 88)

Einsatz und Handhabung
- Partnerarbeit
- Sätze lesen und ankreuzen, ob der Satz wahr oder falsch ist

Variation/Kontrolle
- Kontrolle durch Partner

Tipp
- KV 40 auf hellblaues Papier kopieren und laminieren
- Zeitmessung möglich
- Karteikarte auf farbigen leichten Karton (Gruppe: Sinnentnahme Satzebene) kopieren und laminieren

Lösung
Falsch, falsch, falsch, wahr, falsch, falsch, falsch, falsch, falsch, falsch, falsch, falsch

Welcher Satz stimmt?

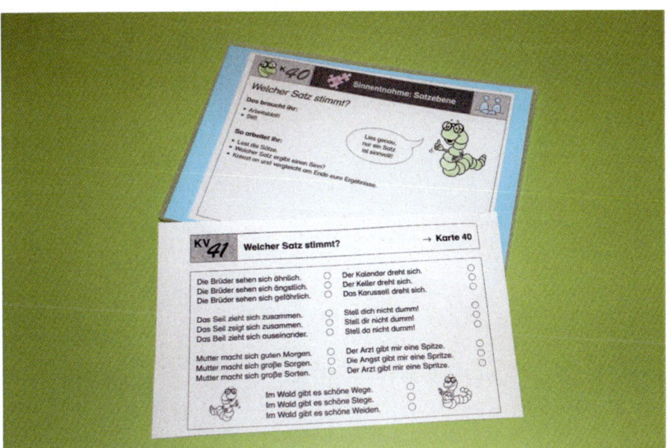

Förderbereich
- Genaues Lesen schulen
- Leseverständnis fördern

Material
- Karteikarte K 40 (S. 50)
- Arbeitsblatt (KV 41, S. 89 oben)

Einsatz und Handhabung
- Partnerarbeit
- Sätze lesen und den sinnvollsten Satz ankreuzen

Variation/Kontrolle
- Kontrolle durch Partner

Tipp
- KV 41 auf für LRS-Kinder förderlicheres hellblaues Papier kopieren
- Zeitmessung möglich
- Karteikarte auf farbigen leichten Karton (Gruppe: Sinnentnahme Satzebene) kopieren und laminieren

Lösung
Die Brüder sehen sich ähnlich. (1)/Das Karussell dreht sich. (3)/Das Seil zieht sich zusammen. (1)/Stell dich nicht dumm! (1)/Mutter macht sich große Sorgen. (2)/Der Arzt gibt mir eine Spritze. (3)/Im Wald gibt es schöne Wege. (1)

Die Qual der Wahl

Förderbereich
- Sätze sinnvoll ergänzen
- Sinnentnahme auf Satzebene steigern

Material
- Karteikarte K 41 (S. 51)
- Lesekarten (KV 42, S. 89 unten)
- Spielbrett (KV 43, S. 90)
- Würfel, Spielfiguren

Einsatz und Handhabung
- Gruppenarbeit
- Sätze lesen und entscheiden, welches Wort in den Satz passt

Variation/Kontrolle
- Kontrolle durch Mitspieler

Tipp
- Karteikarte auf farbigen leichten Karton (Gruppe: Sinnentnahme Satzebene) kopieren und laminieren

Lösung (in der Reihenfolge wie auf KV 42)
Osterhase/Wanne/Kirschen/Koch/heiß/Mond/Trauben/Boot/Sterne/Angler/Bett/Tor/schwitze/müde/Bücher/Kissen/See/Rosen/Tanne/Birne

Tu, was da steht!

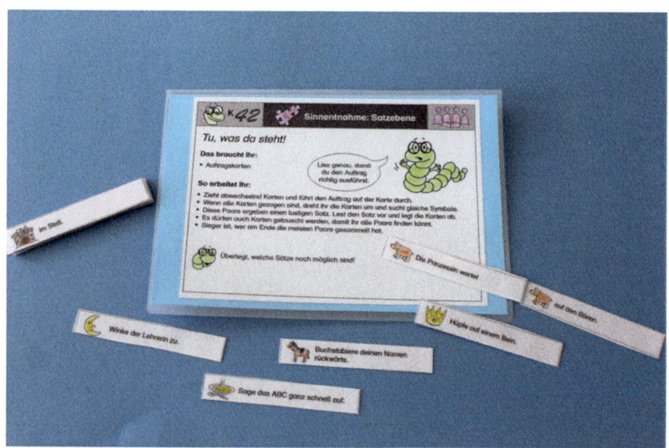

Förderbereich
- Einfache Sätze lesen
- Handlungsauftrag ausführen
- Leseverständnis auf Satzebene steigern

Material
- Karteikarte K 42 (S. 51)
- Auftragskarten (KV 44, S. 91), Satzteile umknicken und als Rückseite festkleben

Einsatz und Handhabung
- Gruppenarbeit
- Abwechselnd Karten ziehen und Aufträge ausführen
- Mit den Symbolen zu Paaren ordnen, auf der Rückseite entstandene Sätze vorlesen und Paare abgelegen
- Mit Mitspielern für neue Paare tauschen

Variation/Kontrolle
- Aus Satzteilen neue Unsinnsätze bilden
- Kontrolle durch Mitspieler

Tipp
- Auf Karton kopieren, laminieren und ausschneiden
- Karteikarte auf farbigen leichten Karton (Gruppe: Sinnentnahme Satzebene) kopieren und laminieren

Lösung
Vgl. Anordnung auf KV 44

Wer bin ich?

Förderbereich

- Informationen aus Texten entnehmen
- Texte erschließen
- Sinnverständnis auf Textebene fördern

Material

- Karteikarte K 43 (S. 52)
- Rätselkarten (KV 45, S. 92)
- Lupe

Einsatz und Handhabung

- Partnerarbeit
- Abwechselnd Rätsel stellen

Variation/Kontrolle

- Kontrolle mit Lupe

Tipp

- Rätselkarten laminieren
- Karteikarte auf farbigen leichten Karton (Gruppe: Sinnentnahme Textebene) kopieren und laminieren

Alles durcheinander!

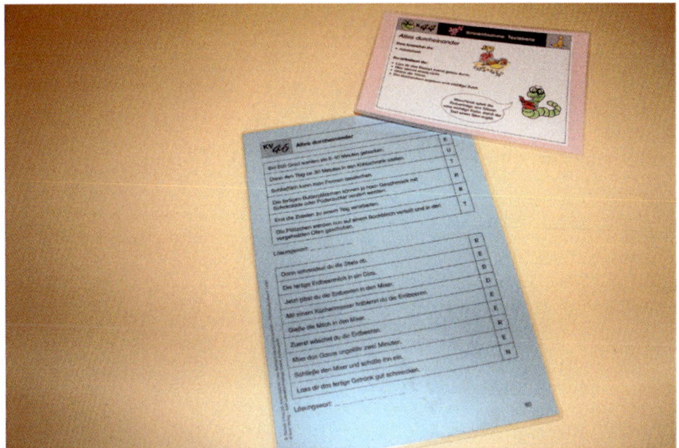

Förderbereich

- Texte in die richtige Reihenfolge bringen
- Sinnverständnis auf Textebene fördern

Material

- Karteikarte K 44 (S. 52)
- Arbeitsblatt (KV 46, S. 93)

Einsatz und Handhabung

- Einzelarbeit
- Rezepte in die richtige Reihenfolge bringen

Variation/Kontrolle

- Rezepte zubereiten
- Kontrolle durch Lösungswort

Tipp

- Partnerarbeit
- Karteikarte auf farbigen leichten Karton (Gruppe: Sinnentnahme Textebene) kopieren und laminieren

Lösung

Butter, Erdbeeren

Lesemalblätter

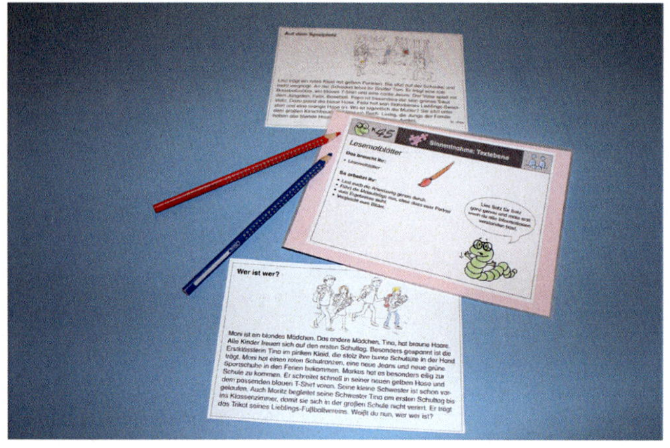

Förderbereich
- Sinnverständnis auf Textebene fördern
- Informationen aus Texten entnehmen
- Handlungsanweisungen ausführen

Material
- Karteikarte K 45 (S. 53)
- Lesemalblätter (KV 47, S. 94)
- Buntstifte

Einsatz und Handhabung
- Partnerarbeit
- Text lesen und die Figuren oder Gegenstände entsprechend ausmalen

Variation/Kontrolle
- Kontrolle durch Partner

Tipp
- Karteikarte auf farbigen leichten Karton (Gruppe: Sinnentnahme Textebene) kopieren und laminieren

Schlüsselwörter

Förderbereich
- Sinnverständnis auf Textebene fördern
- Informationen aus Texten entnehmen
- Texte erschließen
- Schlüsselwörter in Texten finden

Material
- Karteikarte K 46 (S. 53)
- Texte (KV 48, S. 95 oben)
- Schlüsselwörter (KV 48, S. 95 unten)

Einsatz und Handhabung
- Partnerarbeit
- Texte lesen und Schlüsselwörter entsprechend zuordnen
- Anschließend den Text anhand der Schlüsselwörter nacherzählen

Variation/Kontrolle
- Schlüsselwörter selbst finden mit Arbeitsblatt KV 49 (S. 96)
- Kontrolle durch Partner

Tipp
- Differenzierung durch Partnerarbeit
- Karteikarte auf farbigen leichten Karton (Gruppe: Sinnentnahme Textebene) kopieren und laminieren

K 1

Lesefertigkeit: Lautebene

Handzeichen

Das brauchst du:

- Handzeichenkarten

So arbeitest du:

- Übe die Laute mit den Handzeichen.
- Du kannst auch mit einem Partner zusammenarbeiten.

K 2

Lesefertigkeit: Lautebene

Geheimsprache

Das brauchst du:

- Handzeichen
- Arbeitsblatt

So arbeitest du:

- Lies die Geheimschrift mithilfe der Handzeichen.
- Schreibe das Wort anschließend auf.

Lesefertigkeit: Lautebene

Wie heißen die Tiere?

Das brauchst du:

- Tierkarten
- Folienstift

So arbeitest du:

- Wie heißen die Tiere?
- Lies die Wörter mithilfe der Silbenbögen. Achte auf den Wortanfang.
- Streiche den falschen Namen durch.
- Kontrolliere auf der Rückseite.

Mit deinem Leseschieber kannst du die Wörter Laut für Laut erlesen!

Lesefertigkeit: Lautebene

Buchstabenhäuser

Das brauchst du:

- Buchstabenhäuser
- Folienstift

So arbeitest du:

- Welche Wörter gehören in das Haus?
- Lies die Wörter mithilfe der Silbenbögen. Achte auf den Wortanfang!
- Streiche das falsche Wort durch.
- Kontrolliere auf der Rückseite.
- Finde noch zwei passende Wörter und schreibe sie in dein Heft.

Mithilfe der Handzeichen findest du den richtigen Laut und die richtigen Wörter!

K5

Lesefertigkeit: Lautebene

Flaschenstöpsel

Das brauchst du:

- Flaschenstöpsel

So arbeitest du:

- Lege die Flaschenstöpsel aus.
- Erkennst du das Wort?
- Lies das Wort Laut für Laut.
- Kannst du noch ein anderes Wort daraus legen?

Tipp: Es ist ein Namenwort und beginnt mit einem Großbuchstaben!

K6

Lesefertigkeit: Lautebene

Buchstabengitter

Das brauchst du:

- Buchstabengitterkarte
- Folienstift

So arbeitest du:

- Kannst du das Wort erkennen?
- Ergänze den fehlenden Buchstaben.
- Kontrolliere auf der Rückseite.
- Kannst du auch die Mehrzahl oder Einzahl bilden?

K 7

Lesefertigkeit: Silbenebene

Silbenblitz

Das braucht ihr:

- Silbenkarten
- Stoppuhr

So arbeitet ihr:

- Arbeitet abwechselnd.
- Haltet die Karten hoch, euer Partner liest die Silbe.
- Wie viele Silben schafft ihr in einer Minute?
- Tauscht dann die Rollen.

Durch das schnelle Erkennen von Silben kannst du dein Lesetempo steigern.

K 8

Lesefertigkeit: Silbenebene

Silbendomino

Das brauchst du:

- Silbendomino

So arbeitest du:

- Lege das Domino und lies die Wörter.

Jedes Wort besteht aus einer oder mehreren Silben.

Lesefertigkeit: Silbenebene

Purzelsilben

Das braucht ihr:

- Silbenkarten
- Schnur
- kleine Wäscheklammern

So arbeitet ihr:

- Arbeitet abwechselnd.
- Findet das Wort aus den Silben.
- Hängt das Wort an die Schnur.
- Lest das Wort vor.
- Euer Partner kontrolliert.

Lesen nach Silben hilft dir bei schwierigen Wörtern.

Lesefertigkeit: Silbenebene

Immer länger

Das braucht ihr:

- Lesekarten
- Stift
- leere Karteikarten (liniert)

So arbeitet ihr:

- Lest die Wörter abwechselnd Silbe für Silbe.
- Bestimmt habt ihr auch eine Idee.
  Schreibt euer Wort auf eine Karteikarte.

Lesen nach Silben hilft dir bei schwierigen Wörtern.

K 11

Lesefertigkeit: Silbenebene

Silbentanz

Das brauchst du:

- Silbenkarten
- Stift

So arbeitest du:

- Aus wie vielen Silben besteht das Wort?
- Male die Silbenbögen unter das Wort.
- Lies das Wort.
- Kontrolliere auf der Rückseite.

Ergänze nun selbst Silbenbögen bei den Wörtern, die für dich schwierig sind.

K 12

Lesefertigkeit: Silbenebene

Silben-auf-Silben

Das braucht ihr:

- Spielkarten

So arbeitet ihr:

- Spielt das Silben-Kartenspiel mindestens zu zweit.
- Besprecht zuerst die Spielregeln, die ihr vom bekannten Spiel UNO kennt.

Besonders lange Wörter sind silbenweise leichter zu lesen.

Spielregeln:

1. Karten mit gleicher Silbenzahl dürfen aufeinander abgelegt werden.
2. Wechsel der Silbenzahl bei Wechselkarte (freie Wahl oder vorgegeben).
3. Joker darf immer abgelegt werden.

K 13

Lesefertigkeit: Silbenebene

Sortiermaschine

Das brauchst du:

- Sortierkästen
- Wortkarten

So arbeitest du:

- Lies das Wort.
- Du kannst die Silbenbögen darunter malen.
- Lege es in den richtigen Kasten.
- Kontrolliere auf der Rückseite.

Klatsche das Wort,
so erkennst du
die einzelnen Silben
leichter!

K 14

Lesefertigkeit: Silbenebene

Reise zum Planeten Silbinien

Das braucht ihr:

- Spielbrett
- Spielfiguren

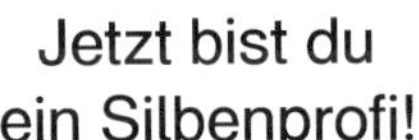

Jetzt bist du
ein Silbenprofi!

So arbeitet ihr:

- Spielt das Spiel nach den Spielregeln.

Spielregeln:

1. Der jüngste Spieler beginnt und zieht eine Aktionskarte.
2. Er liest das Wort und zieht entsprechend der Silbenanzahl vorwärts.
3. Landet der Spieler auf einem Aktionsfeld, muss er eine Aufgabe erfüllen.
   Pfeilfeld: 1 Feld in Pfeilrichtung ziehen.
   Silbenfeld: Ein Wort mit entsprechender Silbenzahl vorsagen und mitklatschen.
4. Dann ist der nächste Spieler dran.
5. Gewonnen hat der Spieler, der als erster das Ziel erreicht.

K 15

Lesefertigkeit: Wortebene

Blitzlesen

Das braucht ihr:

- Wortkarten

So arbeitet ihr:

- Lest euch zuerst alle Wörter einmal durch.
- Dann hält einer die Karten nacheinander hoch und der andere liest das Wort.
- Dabei wird die Zeit gemessen.
- Danach tauscht ihr die Rollen.
- Vergleicht eure Zeiten.

K 16

Lesefertigkeit: Wortebene

Wörterteppich

Das braucht ihr:

- Wörterteppich
- durchsichtige Muggelsteine

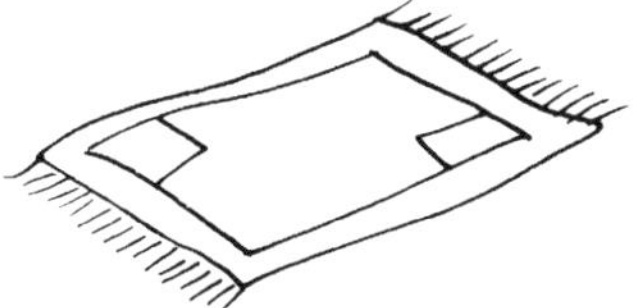

So arbeitet ihr:

- Verteilt die Muggelsteine auf dem Teppich.
- Abwechselnd versucht ihr nun die Wörter zu lesen.
- Ist das Wort richtig, so darf der Spieler den Stein behalten.
- Gewonnen hat der Spieler, der am Ende die meisten Steine hat.

K 17

Lesefertigkeit: Wortebene

Wörterberge

Das braucht ihr:

- Wörterberge

So arbeitet ihr:

- Arbeitet abwechselnd.
- Lest eurem Partner ein Wort vor.
- Achtung: Es wird immer länger!
- Euer Partner kontrolliert, ob das Wort stimmt.
- Dann tauscht ihr.

Nimm deinen Leseschieber und lies Silbe für Silbe oder Wort für Wort. Du darfst dir Grenzen auch markieren!

K 18

Lesefertigkeit: Wortebene

Japanisch

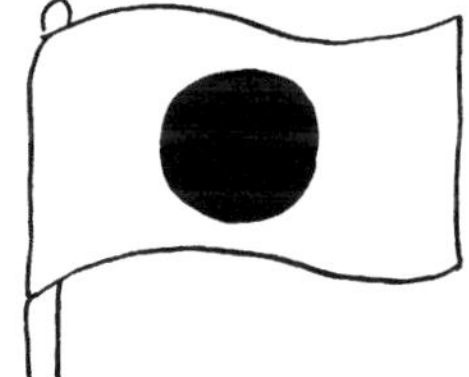

Das braucht ihr:

- Wortkarten

So arbeitet ihr:

- Arbeitet abwechselnd.
- Lest das Wort eurem Partner vor.
- Achtung: Deine Augen müssen von oben nach unten wandern!
- Euer Partner kontrolliert, ob das Wort stimmt.
- Dann tauscht ihr.

Trenne die Wörter nach Silben ab, dann kannst du sie leichter lesen.

K 19

Lesefertigkeit: Wortebene

Wörterhaus

Das braucht ihr:

- Haus
- Wortschiebestreifen

So arbeitet ihr:

- Schiebt den Streifen vor den Augen des Partners durch das Haus.
- Euer Partner kontrolliert.
- Wenn ihr das Wort richtig lest, werden die Rollen getauscht und das nächste Wort ist dran.
- Ist das Wort falsch, wird das Wort wiederholt.

K 20

Lesefertigkeit: Wortebene

Tempo-Bingo

Das braucht ihr:

- Tempo-Bingokarten
- Ansagekarte zum Vorlesen
- Spielchips für jeden Mitspieler

So arbeitet ihr:

- Bestimmt einen Spielleiter, der die Wörter von seiner Ansagekarte in beliebiger Reihenfolge vorliest.
- Sucht schnell das vorgelesene Wort auf eurer Tempo-Bingokarte und legt einen Spielchip darauf.
- Wer zuerst eine Reihe von drei Wörtern waagrecht, senkrecht oder diagonal hat, ruft „Bingo".
- Ihr könnt das Spiel beliebig oft wiederholen.

Jetzt musst du die Wörter möglichst schnell lesen!

K 21

Lesefertigkeit: Wortebene

Wörterrallye

Das braucht ihr:

- Arbeitsblatt
- Stift

So arbeitet ihr:

- Kreuzt so schnell wie möglich das passende Wort zum Bild an, ohne dass der Partner es sieht.
- Wer ist zuerst fertig?
- Vergleicht eure Ergebnisse.

K 22

Lesefertigkeit: Wortebene

Fehlerteufel

Das brauchst du:

- Fehlerkarten

So arbeitest du:

- In jeder Reihe sind drei Wörter falsch.
- Suche die Wörter und markiere sie.
- Kontrolliere auf der Rückseite.

K 23 Lesefertigkeit: Wortebene

Würfelwörter

Das braucht ihr:

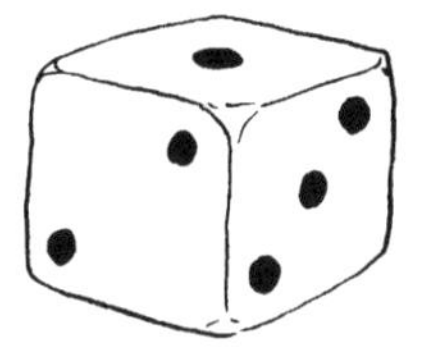

- Arbeitsblatt
- große Würfel mit Buchstaben

So arbeitet ihr:

- Arbeitet zuerst mit dem Arbeitsblatt.
- Deckt die unteren Wörter ab. Dann liest einer von euch das erste Wort vor! In einem Würfel steht ein anderer Buchstabe. Tauscht damit den Buchstaben aus. Welches Wort entsteht? Deckt die nächste Zeile auf, kontrolliert eure Lösung und arbeitet so weiter.
- Nehmt dann die Buchstabenwürfel und legt das erste Wort nach.
- Dreht einen Würfel so, dass sich ein neues Wort ergibt!
- Manchmal könnt ihr auch zwei Würfel verändern.

K 24 Lesefertigkeit: Wortebene

Buchstabenaufzug

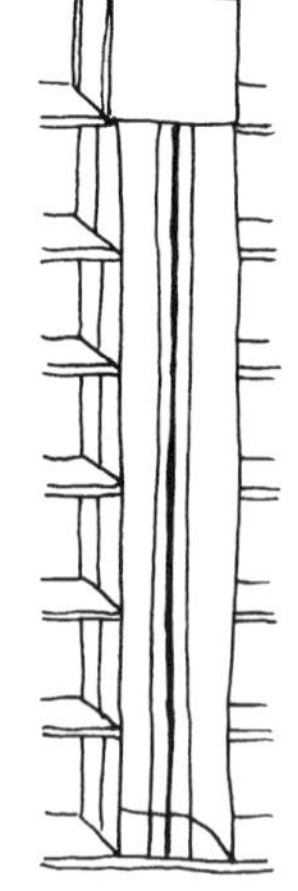

Das brauchst du:

- Arbeitsblatt

So arbeitest du:

- Welcher Buchstabe fehlt?
- Setze den passenden Buchstaben in den Aufzug oben ein, sodass sich in jedem Stockwerk ein passendes Wort ergibt.

Tipp: Die letzte Aufgabe ist besonders knifflig!

Lesefertigkeit: Satzebene

Satzberge

Das braucht ihr:

- Satzbergkarten

So arbeitet ihr:

- Lest die Sätze abwechselnd.
- Lest in unterschiedlichem Tempo.
- Kontrolliert euch gegenseitig.
  Hier geht es um das genaue Lesen.

Lest die Sätze langsam Wort für Wort!

Lesefertigkeit: Satzebene

Zaubersätze

Das braucht ihr:

- Zaubersatzkarten
- Lupe

So arbeitet ihr:

- Könnt ihr die Zaubersätze entziffern?
- Lest die Sätze abwechselnd.
- Kontrolliert mit der Lupe.

Zeichnet die Silbenbögen unter lange oder schwierige Wörter!

Schreibt den Text in einer anderen Rätselschrift ab. Kann euer Partner den Text noch lesen?

K27

Lesefertigkeit: Satzebene

Satzfächer

Das braucht ihr:

- Satzfächer

So arbeitet ihr:

- Arbeitet abwechselnd.
- Könnt ihr aus den Wörtern einen sinnvollen Satz bilden?
- Ordnet die Streifen und lest den Satz laut vor.
- Euer Partner kontrolliert den Satz.
- Dann werden die Rollen getauscht.

K28

Lesefertigkeit: Satzebene

Satzwürfel

Das braucht ihr:

- Würfel

So arbeitet ihr:

- Arbeitet abwechselnd.
- Würfelt mit allen Würfeln.
- Bildet daraus einen Satz und lest ihn laut vor.
- Auch Unsinnsätze dürfen gelesen werden.

K 29

Lesefertigkeit: Textebene

Leseberge

Auch bei Texten darfst du dir unter lange und schwierige Wörter Silbenbögen malen.

Das braucht ihr:

- Lesebergkarten

So arbeitet ihr:

- Lest die Texte zuerst einmal leise und dann dem Partner vor.
- Bei jedem Punkt oder Komma macht ihr eine Pause.
- Euer Partner klopft, wenn ihr einen Lesefehler macht.
- Lasst euch also Zeit: Es geht um das genaue Lesen und nicht um das schnelle Lesen!
- Malt ein Bild zu jeder Karte.

Tipp: Ihr dürft zum Lesen eure Leseschieber verwenden!

K 30

Lesefertigkeit: Textebene

Silbentexte

Die farbige Markierung der Silben hilft dir beim Lesen des Textes. Beim Punkt solltest du eine Pause machen!

Das braucht ihr:

- Textkarten

So arbeitet ihr:

- Lest die Texte zuerst einmal leise und dann dem Partner vor.
- Bei jedem Punkt oder Komma macht ihr eine Pause.
- Euer Partner klopft, wenn ihr einen Lesefehler macht.
- Lasst euch also Zeit: Es geht um das genaue Lesen und nicht um das schnelle Lesen.
- Male zu jeder Karte ein Bild.

Tipp: Ihr dürft unter schwierige Wörter Silbenbögen malen und zum Lesen eure Leseschieber verwenden.

Sinnentnahme: Wortebene

Kuckuckseier

Das brauchst du:

- Kuckuckseier

So arbeitest du:

- Lies die Wörter.
- Welches Wort passt nicht in die Reihe?
- Kontrolliere auf der Rückseite.

Kannst du mit dem falschen Wort ein neues Kuckucksei schreiben? Suche drei Wörter, die mit deinem Wort zu einem Wortfeld gehören, und eines, das nicht dazu passt. Findet dein Sitznachbar das falsche Wort?

Die Wörter gehören zu einem Wortfeld!

Sinnentnahme: Wortebene

Wörterkette

Das brauchst du:

- Schnur
- Wörter

Du kannst Wörter zu neuen Wörtern zusammensetzen. Sie müssen jedoch einen Sinn ergeben.

So arbeitest du:

- Fädle eine Wörterkette aus den zusammengesetzten Wörtern auf.
- Der zweite Teil des einen Wortes soll jeweils der erste Teil des neuen Wortes sein.
- Zum Beispiel: Autohaus – Hausdach – Dachziegel …

K33 Sinnentnahme: Wortebene

Bilderrätsel

Das brauchst du:

- Arbeitsblatt
- Stift

So arbeitest du:

- Lies die Wörter.
- Verbinde das Wort mit dem passenden Bild.
- Kontrolliere auf der Rückseite.

Hier musst du wieder ganz genau lesen!

K34 Sinnentnahme: Wortebene

Versteckte Tiere

Das brauchst du:

- Arbeitsblatt
- Stift

So arbeitest du:

- Lies die Wörter.
- Markiere das Tier im Wort.
- Verbinde das Wort mit dem passenden Bild.

Manchmal steckt ein Wort im Wort!

Sinnentnahme: Wortebene

Was gibt es im Garten?

Das brauchst du:

- Arbeitsblatt
- Stift

So arbeitest du:

- Lies die Wörter.
- Was gibt es im Garten?
- Markiere die Wörter.
- Kontrolliere auf der Rückseite.

Denke an das Wortfeld!

Welche Gegenstände findest du noch auf dem Bild? Schreibe sie in dein Heft!

Sinnentnahme: Wortebene

Was gibt es in der Küche?

Das brauchst du:

- Arbeitsblatt
- Stift

So arbeitest du:

- Lies die Wörter.
- Was gibt es in der Küche?
- Markiere die Wörter.
- Kontrolliere auf der Rückseite.

Denke an das Wortfeld!

Welche Gegenstände findest du noch auf dem Bild? Schreibe sie in dein Heft!

Sinnentnahme: Satzebene

Stolpersätze

Das brauchst du:

- Karteikarten
- Zauberstift

So arbeitest du:

- Lies die Sätze.
- Findest du das Stolperwort?
- Markiere es und kontrolliere auf der Rückseite.

Kannst du zu den Stolperwörtern Sätze schreiben?

Sinnentnahme: Satzebene

Schmetterlingssätze

Das braucht ihr:

- Schmetterlingshälften

So arbeitet ihr:

- Legt die Schmetterlingshälften so aneinander, dass ein sinnvoller Satz entsteht.
- Kontrolliert auf der Rückseite.

Nur bestimmte Satzteile ergeben einen sinnvollen Satz!

Sinnentnahme: Satzebene

Wahr oder falsch?

Lies genau!
Kann dieser Satz
wahr sein?

Das braucht ihr:

- Arbeitsblatt
- Stift

So arbeitet ihr:

- Lest die Sätze.
- Entscheidet, ob sie wahr oder falsch sind.
- Kreuzt an, ohne dass euer Partner euer Ergebnis sieht.
- Vergleicht eure Lösungen.

Sinnentnahme: Satzebene

Welcher Satz stimmt?

Das braucht ihr:

- Arbeitsblatt
- Stift

So arbeitet ihr:

- Lest die Sätze.
- Welcher Satz ergibt einen Sinn?
- Kreuzt an und vergleicht am Ende eure Ergebnisse.

Lies genau,
nur ein Satz
ist sinnvoll!

K 41

Sinnentnahme: Satzebene

Die Qual der Wahl

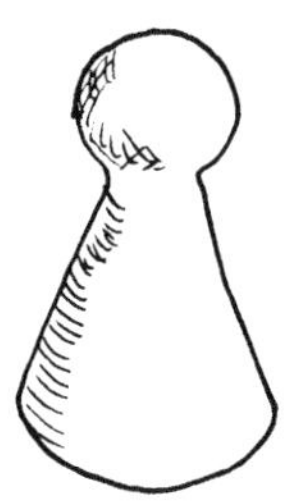

Das braucht ihr:

- Spielbrett
- Lesekarten
- Würfel, Spielfiguren

So arbeitet ihr:

- Spielt nach den Spielregeln.

Spielregeln:

- Würfelt reihum.
- Beim Aktionsfeld zieht ihr eine Karte. Ergänzt den Satz durch das richtige Wort.
- Stimmt die Lösung, dürft ihr noch ein Feld vorrücken.
- Sieger ist, wer zuerst das Ziel erreicht.

Verstehst du alle Sätze? Teste deine Lesefitness.

K 42

Sinnentnahme: Satzebene

Tu, was da steht!

Das braucht ihr:

- Auftragskarten

Lies genau, damit du den Auftrag richtig ausführst.

So arbeitet ihr:

- Zieht abwechselnd Karten und führt den Auftrag auf der Karte durch.
- Wenn alle Karten gezogen sind, dreht ihr die Karten um und sucht gleiche Symbole.
- Diese Paare ergeben einen lustigen Satz. Lest den Satz vor und legt die Karten ab.
- Es dürfen auch Karten getauscht werden, damit ihr alle Paare finden könnt.
- Sieger ist, wer am Ende die meisten Paare gesammelt hat.

Überlegt, welche Sätze noch möglich sind!

K 43 Sinnentnahme: Textebene

Wer bin ich?

Das braucht ihr:

- Rätselkarten
- Lupe

Um das Rätsel zu lösen, musst du jedes Wort genau lesen und verstehen.

So arbeitet ihr:

- Stellt euch abwechselnd die Rätsel.
- Bestimmt habt ihr eine Idee, wer hier beschrieben ist.
- Kontrolliert mit der Lupe.

Kannst du selbst so ein Rätsel erfinden?

K 44 Sinnentnahme: Textebene

Alles durcheinander

Das brauchst du:

- Arbeitsblatt

So arbeitest du:

- Lies dir das Rezept zuerst genau durch.
- Hier stimmt etwas nicht.
- Ordne die Sätze.
- Die Buchstaben ergeben eine wichtige Zutat.

Manchmal spielt die Reihenfolge von Sätzen eine wichtige Rolle, damit der Text einen Sinn ergibt.

K 45 Sinnentnahme: Textebene

Lesemalblätter

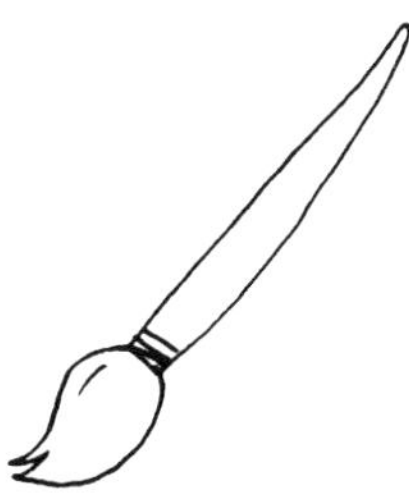

Das braucht ihr:

- Lesemalblätter

So arbeitet ihr:

- Lest euch den Text genau durch.
- Führt die Malaufträge aus, ohne dass euer Partner eure Ergebnisse sieht.
- Vergleicht eure Bilder.

Lies Satz für Satz ganz genau und male erst, wenn du alle Informationen verstanden hast.

K 46 Sinnentnahme: Textebene

Schlüsselwörter

Das braucht ihr:

- Texte
- Stift

Schlüsselwörter helfen dir, den Sinn eines Textes schnell zu erfassen!

So arbeitet ihr:

- Arbeitet abwechselnd.
- Ordnet die Schlüsselwörter richtig zu.
- Erzählt den Text nur mithilfe der Schlüsselwörter nach.
- Ihr dürft euch auch Stichwörter aufschreiben.

Könnt ihr auch selbst Schlüsselwörter finden?
Arbeitet mit dem langen Text und ergänzt die Schlüsselwörterkarten.

KV 1 Reflexionsbogen

Bist du fit?

Nr.	Titel	Aussage			
K1	*Handzeichen*	Ich kenne die Handzeichen.			
K2	*Geheimsprache*	Ich kann die Handzeichen verwenden.			
K3	*Wie heißen die Tiere?*	Ich kenne schon viele Laute.			
K4	*Buchstaben-häuser*	Ich kann Wörter mit gleichem Laut erkennen.			
K5	*Flaschenstöpsel*	Ich kann Buchstaben zu Wörtern zusammensetzen.			
K6	*Buchstaben-gitter*	Ich erkenne fehlende Buchstaben im Wort.			
K7	*Silbenblitz*	Ich kann Silben schnell lesen.			
K8	*Silbendomino*	Ich weiß, dass Wörter aus Silben bestehen.			
K9	*Purzelsilben*	Ich kann schwierige Wörter nach Silben gliedern.			
K10	*Immer länger*	Ich kann auch lange Wörter nach Silben gliedern.			
K11	*Silbentanz*	Ich kann die Silbenbögen unter Wörter zeichnen.			
K12	*Silben-UNO®*	Ich kann die Silbenanzahl der Wörter erkennen.			
K13	*Sortiermaschine*	Ich kann Wörter nach Silben klatschen.			
K14	*Reise zum Planet Silbinien*	Ich bin ein Silbenprofi.			
K15	*Blitzlesen*	Ich kann häufige Wörter schnell lesen.			
K16	*Wörterteppich*	Häufige Wörter erkenne ich automatisch.			
K17	*Wörterberge*	Ich kann mit dem Leseschieber lesen.			
K18	*Japanisch*	Ich kann Wörter in verschiedenen Schreibrichtungen lesen.			
K19	*Wörterhaus*	Ich kann Wörter langsam und genau lesen.			
K20	*Tempo-Bingo*	Ich kann Wörter auch schnell lesen.			
K21	*Wörterrallye*	Ich habe mein Lesetempo gesteigert.			
K22	*Fehlerteufel*	Ich finde durch genaues Lesen Fehler im Wort.			
K23	*Würfelwörter*	Ich kann ähnliche Wörter unterscheiden.			

Bist du fit?

Nr.	Titel	Aussage			
K24	*Buchstaben-aufzug*	Viele Wörter erkenne ich schon automatisch.			
K25	*Satzberge*	Ich kann Sätze langsam lesen.			
K26	*Zaubersätze*	Ich kann auch schwierige Sätze lesen.			
K27	*Satzfächer*	Ich weiß, dass ein Satz aus mehreren Wörtern besteht.			
K28	*Satzwürfel*	Ich kann aus Wörtern unterschiedliche Sätze bilden.			
K29	*Leseberge*	Ich kann bei Texten Silbenbögen unter schwierige und lange Wörter zeichnen.			
K30	*Silbentexte*	Ich weiß, dass ich bei Punkt oder Komma eine Lesepause mache.			
K31	*Kuckuckseier*	Ich erkenne Wortfelder.			
K32	*Wörterkette*	Ich kann Wörter zu neuen Wörtern zusammensetzen.			
K33	*Bilderrätsel*	Ich verstehe den Sinn der Wörter.			
K34	*Versteckte Tiere*	Ich finde das versteckte Wort im Wort.			
K35	*Was gibt es im Garten?*	Ich finde passende Wörter zum Wortfeld.			
K36	*Was gibt es in der Küche?*	Ich weiß genau, welche Wörter zum Wortfeld gehören.			
K37	*Stolpersätze*	Ich finde Stolperwörter in Sätzen.			
K38	*Schmetterlings-sätze*	Ich kann Satzteile zu sinnvollen Sätzen verbinden.			
K39	*Wahr oder falsch?*	Ich kann wahre und falsche Aussagen unterscheiden.			
K40	*Welcher Satz stimmt?*	Ich erkenne sinnvolle Sätze.			
K41	*Die Qual der Wahl*	Ich verstehe den Sinn von Sätzen.			
K42	*Tu, was da steht!*	Ich kann gelesene Anweisungen ausführen.			
K43	*Wer bin ich?*	Ich verstehe den Sinn von Texten und kann Rätsel lösen.			
K44	*Alles durchein-ander*	Ich kann Sätze zu Texten ordnen.			
K45	*Lesemalblätter*	Ich kann Texte Schritt für Schritt lesen und verstehe, was zu tun ist.			
K46	*Schlüsselwörter*	Ich finde Schlüsselwörter in Texten.			

Auf DIN A3 vergrößern

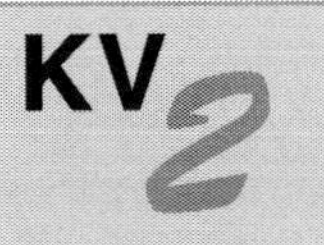

KV 2 Leseschieber

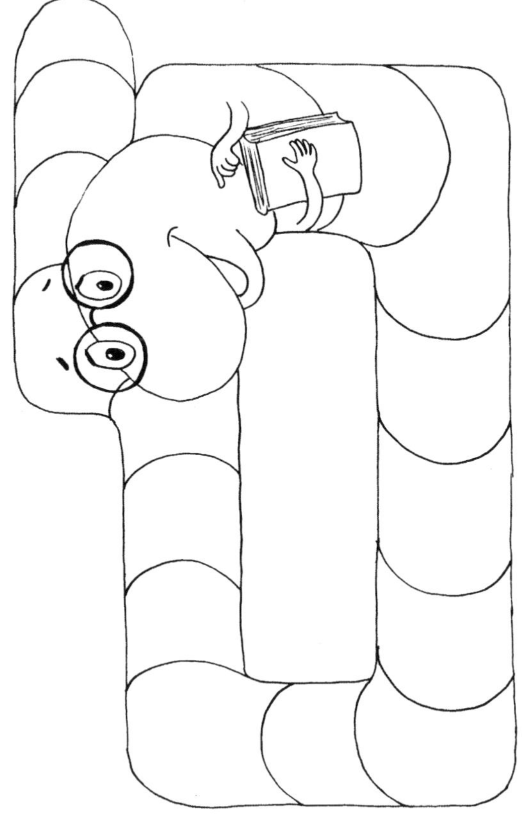

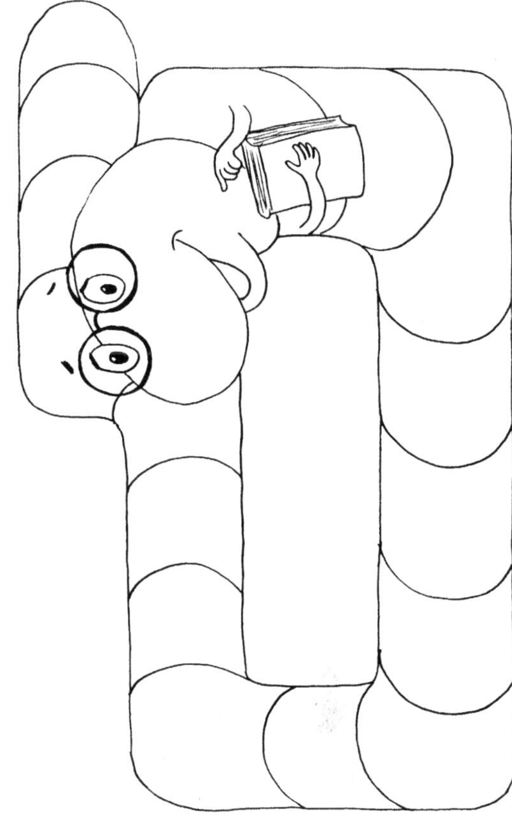

KV 3 Lesepfeile

Handzeichen

→ Karte 1

A a
Ä ä
B b
C c
D d
E e

F f
G g
H h
I i
J j
K k

L l
M m
N n
O o
Ö ö
P p

R r
S s
Sch sch
T t
U u
Ü ü

V v
W w
Z z

Auf DIN A3 vergrößern und ausschneiden.

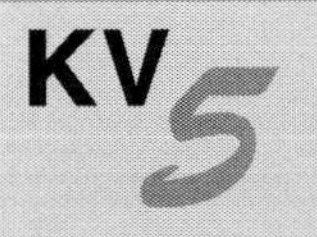

Geheimsprache

→ Karte 2

  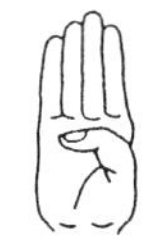   ______________________________

      ______________________________

    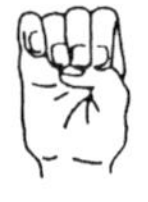 ______________________________

      ______________________________

     ______________________________

    ______________________________

  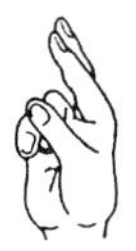  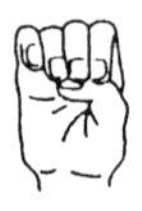 ______________________________

       ______________________________

Wie heißen die Tiere?

→ Karte 3

Buchstabenhäuser

→ Karte 4

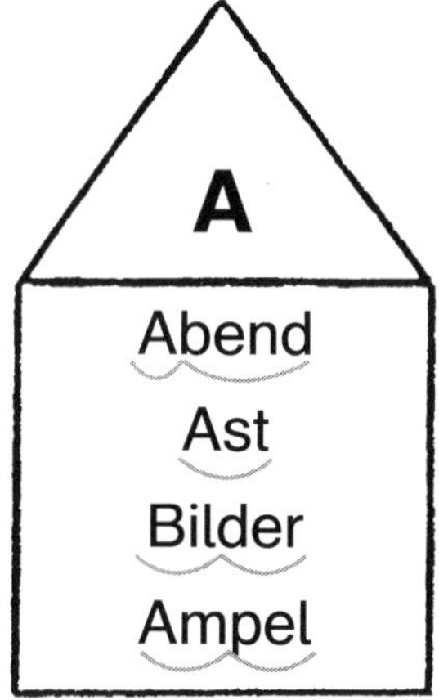

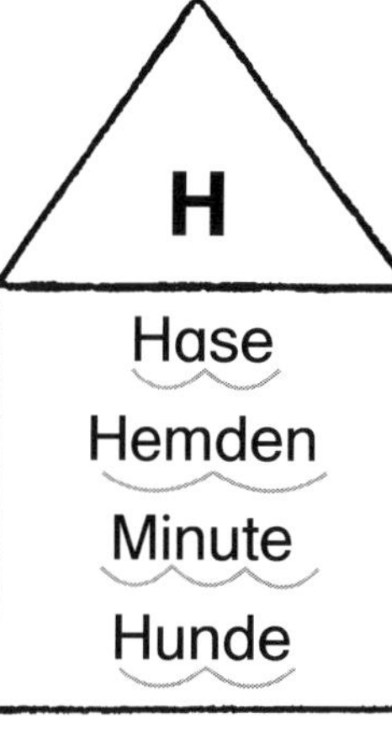

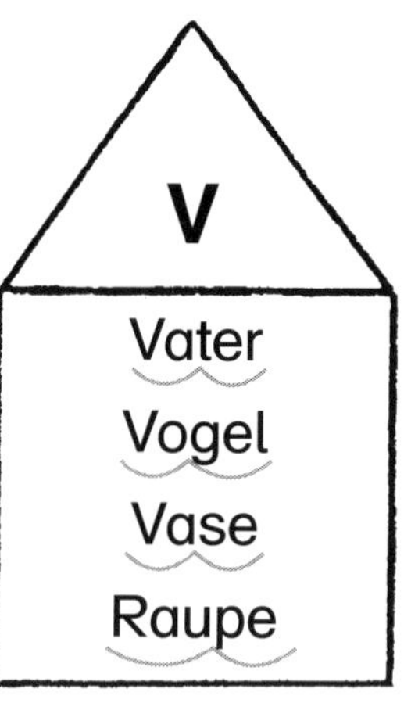

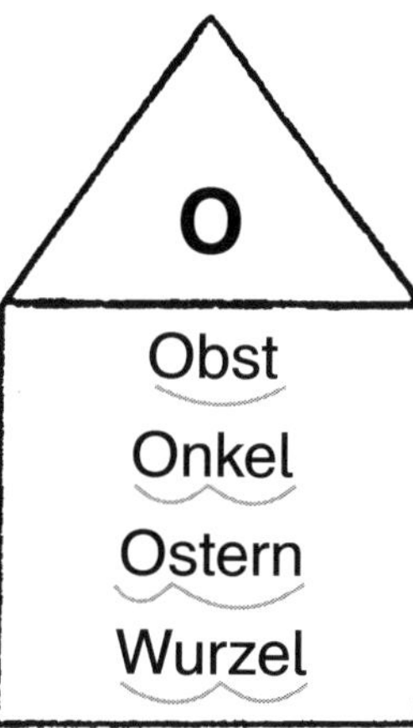

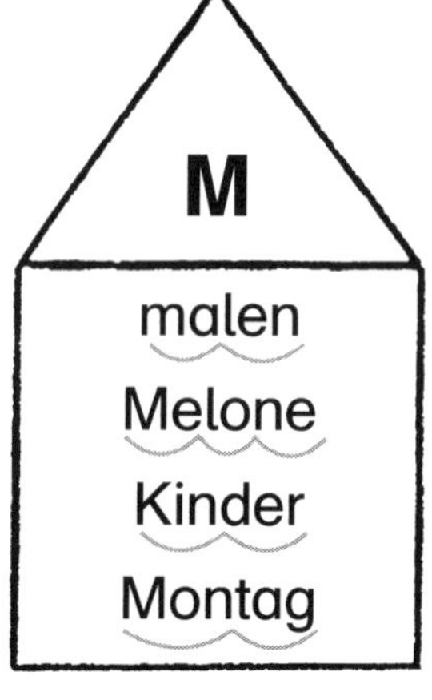

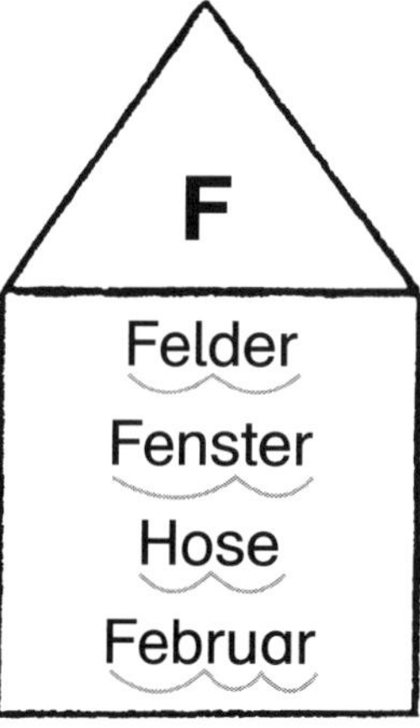

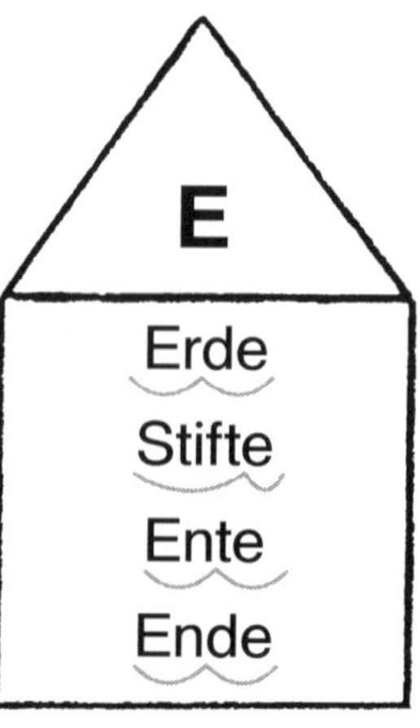

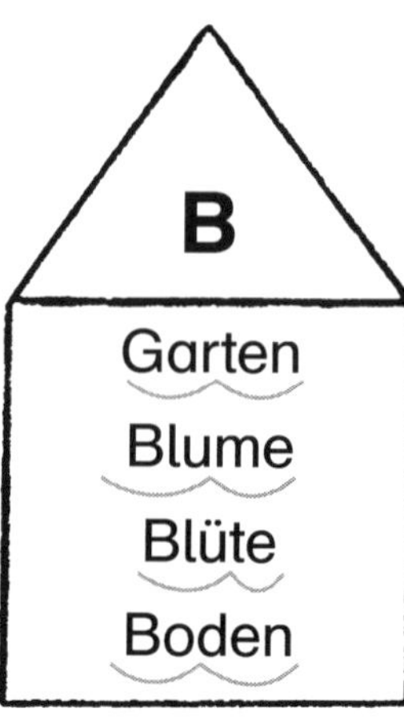

KV 8 Buchstabengitter

→ Karte 6

	H		n	d
	L	a		a
	R	o		e

	N	a		e
	D		s	e
	E		d	e

	A	m		e	l
	N	a		e	l
	T	a	n		e

	T	o		a	t	e
	W	o	l		e	n
	P		n		e	l

	M	e		o		e
	A	n		n	a	
	B		c	h	e	

Silbenblitz

→ Karte 7

ä	bä	dä	fä	gä	hä	jä	kä	lä	mä	nä	pä	rä	sä	tä	vä	wä
ü	bü	dü	fü	gü	hü	jü	kü	lü	mü	nü	pü	rü	sü	tü	vü	wü
ö	bö	dö	fö	gö	hö	jö	kö	lö	mö	nö	pö	rö	sö	tö	vö	wö
ei	bei	dei	fei	gei	hei	jei	kei	lei	mei	nei	pei	rei	sei	tei	vei	wei
eu	beu	deu	feu	geu	heu	jeu	keu	leu	meu	neu	peu	reu	seu	teu	veu	weu
au	bau	dau	fau	gau	hau	jau	kau	lau	mau	nau	pau	rau	sau	tau	vau	wau

u	bu	du	fu	gu	hu	ju	ku	lu	mu	nu	pu	ru	su	tu	vu	wu
o	bo	do	fo	go	ho	jo	ko	lo	mo	no	po	ro	so	to	vo	wo
i	bi	di	fi	gi	hi	ji	ki	li	mi	ni	pi	ri	si	ti	vi	wi
e	be	de	fe	ge	he	je	ke	le	me	ne	pe	re	se	te	ve	we
a	ba	da	fa	ga	he	ja	ka	la	ma	na	pa	ra	sa	ta	va	wa

Auf DIN A3 (evtl. DIN A2) vergrößern und ausschneiden.

KV 10 **Silbendomino** → Karte 8

me 	 Ta
sche 	 Kat
ze 	 Bir
ne 	 O
fen 	 Jun
ge 	 Klei
der 	 Ord
ner 	 Ti
sche 	 Schlan
ge 	 Da

Purzelsilben

→ Karte 9

○ To	○ ma	○ ten	○ sup	○ pen
○ schüs	○ sel	● Fens	● ter	● brett
□ Tan	□ nen	□ zap	□ fen	■ En
■ ten	■ schna	■ bel	△ Hams	△ ter
△ fut	△ ter	▲ Re	▲ gen	▲ wurm
+ Vo	+ gel	+ kä	+ fig	^ Kin
^ der	^ gar	^ ten	^ ge	^ bäu
^ de	| Schmet	| ter	| ling	✳ Scho
✳ ko	✳ la	✳ de	– Ba	– de
– wan	– ne	◇ Schreib	◇ tisch	◇ lam
◇ pe	◆ Ra	◆ dier	◆ gum	◆ mi

Auf DIN A3 vergrößern.

KV 12 Immer länger

→ Karte 10

O
Oster
Osterei
Ostereier
Ostereiernest

Saft
Saftfla
Saftflaschen
Saftflaschende
Saftflaschendeckel

Vo
Vogel
Vogelkä
Vogelkäfig
Vogelkäfigtür
Vogelkäfigtürgriff

Au
Auto
Autorei
Autoreifen
Autoreifenwech
Autoreifenwechsel

Bril
Brillen
Brillenschlan
Brillenschlange

Erd
Erdbeer
Erdbeereis
Erdbeereiszeit

No
Novem
November
Novemberre
Novemberregen

Ge
Geburts
Geburtstags
Geburtstagsku
Geburtstagskuchen

Silbentanz

→ Karte 11

Silbentanz I		Lösung
1	Vogelscheuche	4
2	Blumenstiel	3
3	Elefantenrüssel	6
4	Kaminfeuerholz	5
5	Jugendherberge	5
6	Regenbogenfisch	5

Silbentanz II		Lösung
1	Radiergummi	4
2	Schultasche	3
3	Sonnenbrille	4
4	Buchstabensuppe	5
5	Scherenschleifermeister	6
6	Mathematikbuch	5

Silben-auf-Silben

→ Karte 12

 Le se buch	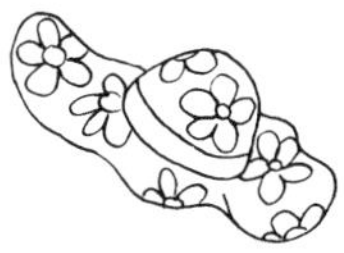 Son nen hut	 Mär chen schloss	 Ba de wan ne	 Ei er schach tel	 Stun den zei ger
 Pa pier korb	 E le fant	 Haus schlüs sel	 Mar me la de	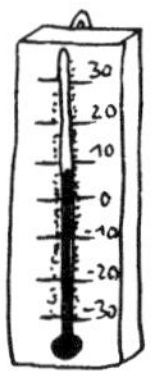 Ther mo me ter	 Re gen wet ter
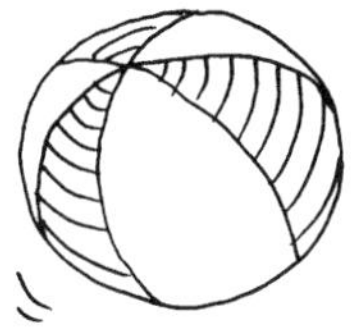 Was ser ball	 Ker zen schein	 Gar ten zwerg	 Erb sen sup pe	 Gur ken sa lat	 Vo gel scheu che
 Ge burts tags tor te	 Scho ko la den eis	 Ge spens ter stun de	Freie Wahl  Wechselkarte	Freie Wahl  Wechselkarte	Freie Wahl  Wechselkarte
 Schul ta fel krei de	 Hub schrau ber pi lot	 A mei sen hü gel	Drei Silben  Wechselkarte	Drei Silben  Wechselkarte	Vier Silben  Wechselkarte
 Ma ri en kä fer	 JOKER	 JOKER	Vier Silben  Wechselkarte	Fünf Silben  Wechselkarte	Fünf Silben  Wechselkarte

Auf DIN A3 vergrößern, laminieren und ausschneiden.

Sortiermaschine

→ Karte 13

Fischteich	Fischmesser	Mausefalle
Schlüssel	Seiltänzer	Kinderzimmer
waschen	Eisbecher	Hundehütte
essen	anfassen	Sommerwiese
rauschen	weglaufen	Handtuchhalter
malen	Walnüsse	Schulgebäude
Herbstwind	Sonnenschein	Regenwolke

Auf leichten Karton kopieren, ausschneiden, Lösung auf die Rückseite umknicken und festkleben.

Reise zum Planeten Silbinien

→ Karte 14

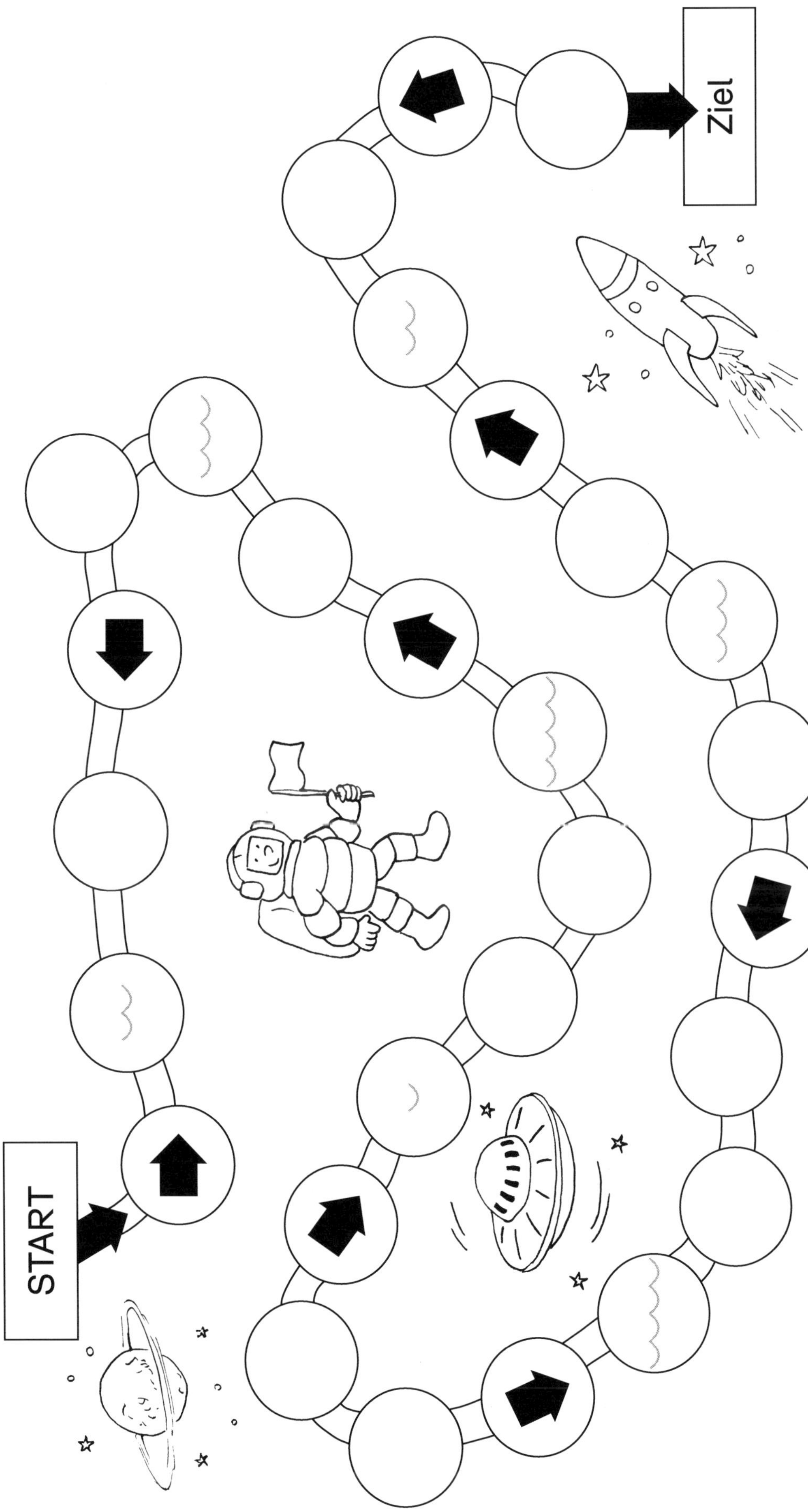

START

Ziel

Raumstation	Erde	Planeten	Uranus	Sonnensystem	Meteor	Saturn	Schwerelosigkeit
Ufo	Weltraum	Mondstaub	Untertasse	Komet	Sonne	Lichtjahr	Mondauto
Raumschiff	Astronaut	Weltkugel	Krater	Sonnenwind	Treibstoff	Universum	Außerirdischer
Rakete	Zündung	Mars	Magnetfeld	Mond	Weltall	Sterne	Marsmännchen

Auf DIN A3 vergrößern, laminieren und Wortkärtchen ausschneiden.

Wörterteppich

→ Karte 15 und 16

ab	euer	als	eure	am
an	auf	euch	ihnen	ja
für	dich	in	dann	ein
eine	ganz	ins	durch	ist
ihre	aber	ihn	jede	um
dein	ihr	das	über	denn
ihm	kein	immer	ganze	nichts
nicht	dies	es	also	jeder
bis	nein	ich	im	die
jedes	nach	seine	da	so
meiner	aus	mit	sich	mir
sein	sie	dem	du	sind
meine	er	ganzer	seit	bist
bin	her	mich	hinter	oft
keines	sehr	bei	diese	einer
oder	des	uns	ob	hin
schon	mein	doch	und	man
deiner	nun	seiner	deine	den
nur	dir	unsere	nie	unten
der	hier	keine	unser	dieser
wann	vom	wenig	was	weil
welche	zur	wem	wer	wie
wieder	warum	weiter	von	wen
viel	welcher	wir	wo	vor
zu	zum	wenn	zusammen	seit

Zur Verwendung als Blitzlesewortkarten (K 15) auf DIN A3 vergrößern, laminieren und ausschneiden.

Wörterberge

→ Karte 17

Wörterberg 1	Wörterberg 2
Bilder Bilderbuch Bilderbuchseite	Holz Holzschaukel Holzschaukelpferd

Wörterberg 3	Wörterberg 4
Schul Schultafel Schultafelkreide	Kaffee Kaffeekannen Kaffeekannendeckel

Wörterberg 5	Wörterberg 6
Damen Damenschuh Damenschuhgeschäft	Kuh Kuhstall Kuhstalltür Kuhstalltüröffner

Wörterberg 7	Wörterberg 8
Flug Flugzeug Flugzeugsitz Flugzeugsitzgurt	Schnecken Schneckenhaus Schneckenhaustür Schneckenhaustürschlüssel

Wörterberg 9	Wörterberg 10
Märchen Märchenschloss Märchenschlosspark Märchenschlossparkbank	Fuß Fußball Fußballschuh Fußballschuhstollen

KV 19 Japanisch

→ Karte 18

B U C H S E I T E	H U N D E F U T T E R
S T U H L B E I N	K R A T Z B Ü R S T E
W I N D R Ä D E R	H E R B S T B L A T T
B L A T T L A U S	K A F F E E T A S S E
H A U S T Ü R E N	N A P F K U C H E N
K A T Z E N K L O	S P I E L B R E T T
Z A H N P A S T A	B L U M E N T O P F
A U T O B A H N	G A R T E N H A U S
M O T O R R A D	B A U M S C H U L E

KV 20 Wörterhaus

→ Karte 19

Salatschüssel
Apfelbaum
Geschirrspüler
Wasserflasche
Fensterrahmen
Dosenöffner

KV 19 und KV 20 jeweils auf DIN A4 vergrößern.

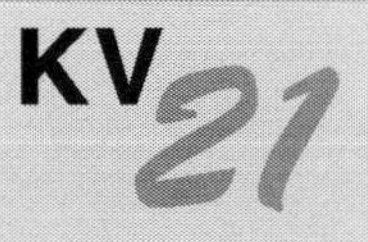

Tempo-Bingo

→ Karte 20

Maus	Mann	Mast	kalt	malt	bald
wir	wird	wer	Mann	Mast	Maus
kalt	bald	malt	wird	wir	wer
Torte	Tasche	Tinte	Wolke	Wolle	Welle
Wolle	Welle	Wolke	Tanne	Kanne	Wanne
Tanne	Wanne	Kanne	Tinte	Torte	Tasche
Mast	Mann	Maus	wir	wird	wer
kalt	malt	bald	Tinte	Torte	Tasche
wir	wird	wer	Wanne	Tanne	Kanne
Welle	Wolle	Wolke	Mann	Mast	Maus
Torte	Tinte	Tasche	Wolle	Welle	Wolke
Tanne	Kanne	Wanne	kalt	malt	bald

Fehlerteufel

› Karte 22

Fahrradklinkel	*
Fahrradklingel	
Fahrradklingel	
Falrradklingel	*
Fahrradklingel	
Fahrradklingl	*

Wohmzimmer	*
Wohnzimmer	
Wohnzimmer	
Wohnzinmer	*
Wohnzimmer	
Vohnzimmer	*

Geburtstag	
Geburstag	*
Gedurtstag	*
Geburtstag	
Geburtztag	*
Geburtstag	

Blumendopf	*
Blumentopf	
Blumentapf	*
Blumentopf	
Blumentpf	*
Blumentopf	

KV 21 auf DIN A4 vergrößern.

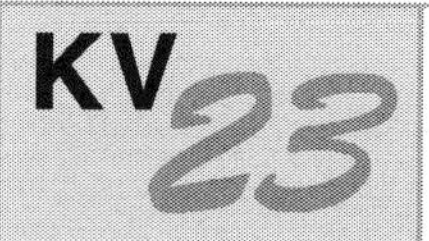

Wörterrallye

→ Karte 21

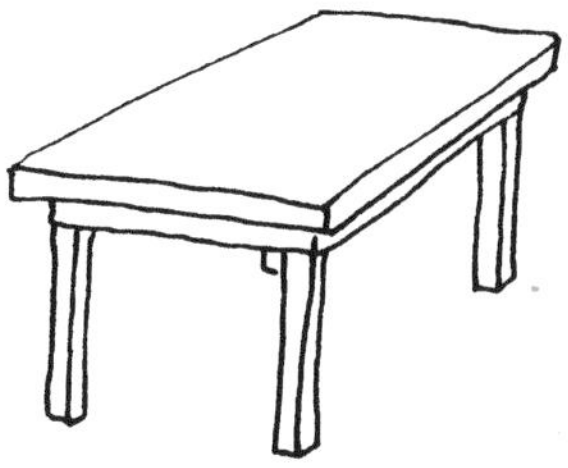 ○ Tasche ○ Tisch ○ Fisch	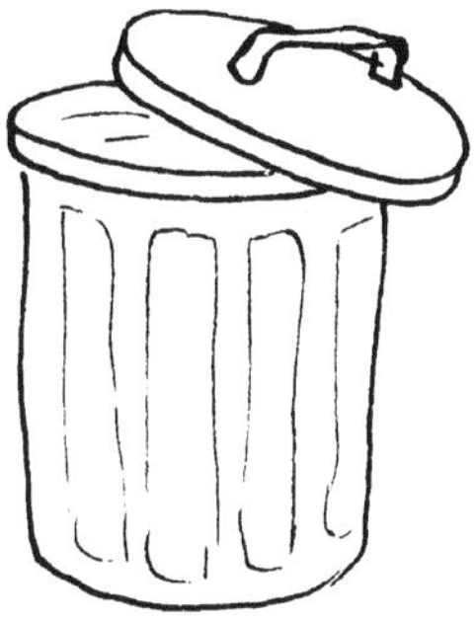 ○ Tanne ○ Wanne ○ Tonne	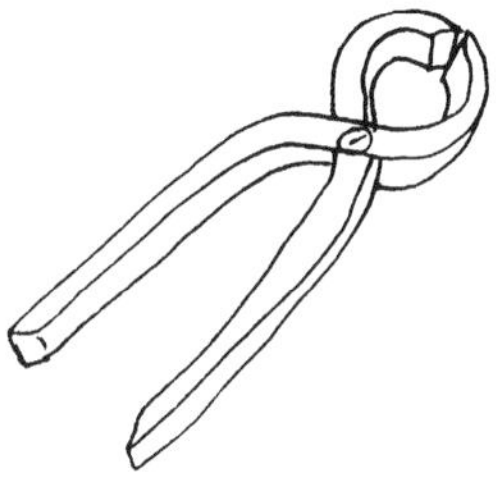 ○ Zunge ○ Zange ○ Zucker	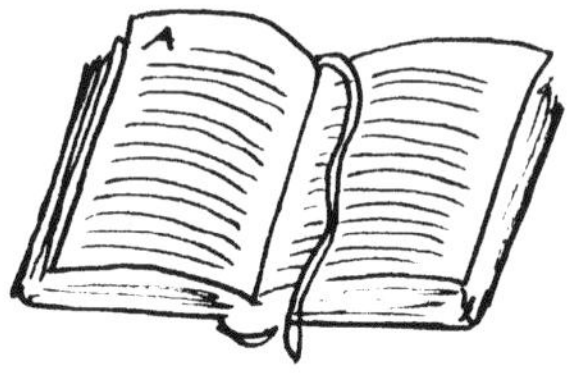 ○ Bach ○ Buch ○ Blatt
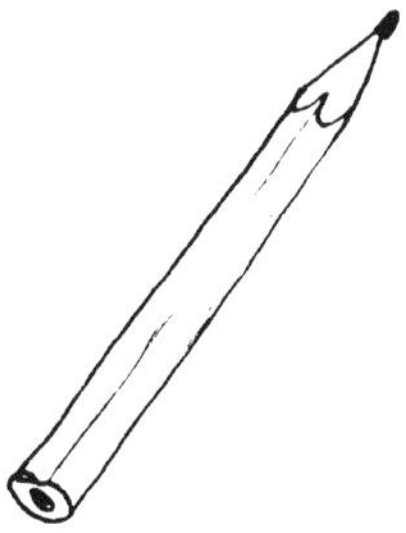 ○ Stift ○ Spitzer ○ Pinsel	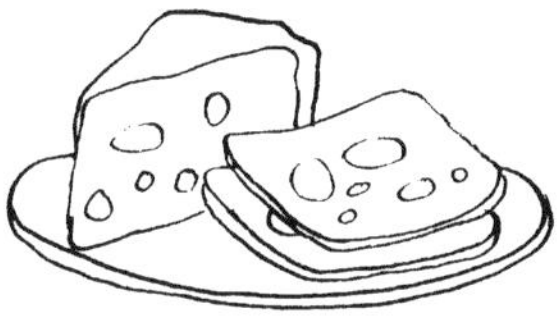 ○ Kohl ○ Käse ○ Kaba	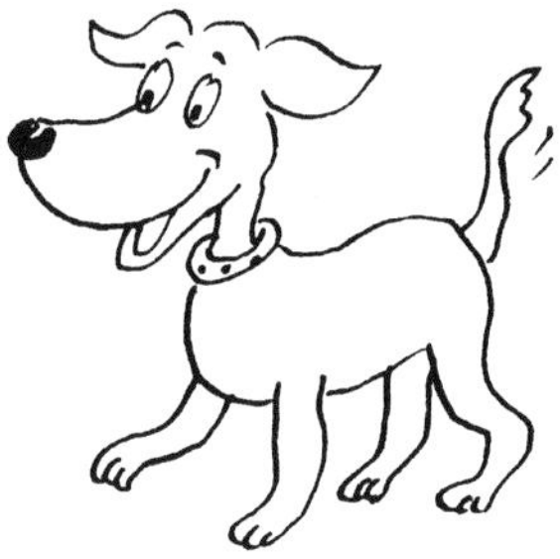 ○ Hund ○ Hand ○ Kind	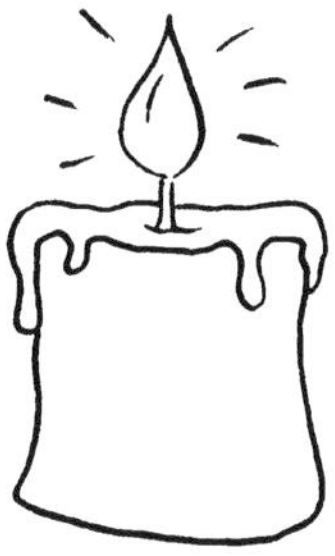 ○ Herz ○ Kerze ○ Licht
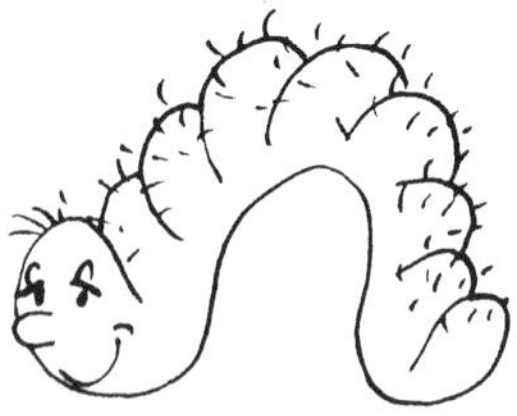 ○ Fliege ○ Käfer ○ Raupe	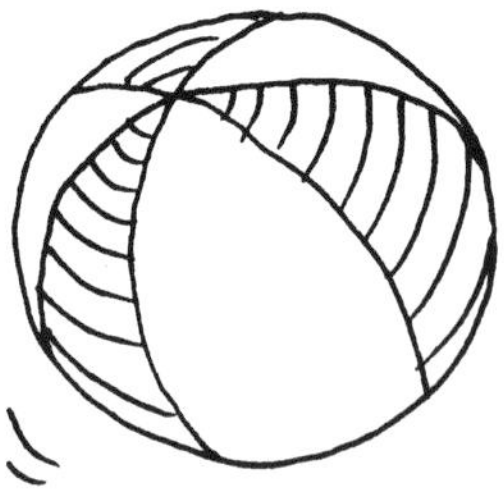 ○ Ball ○ Bad ○ Bär	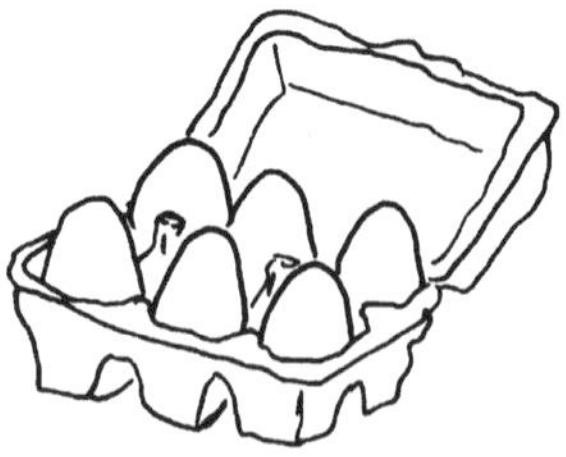 ○ Butter ○ Milch ○ Eier	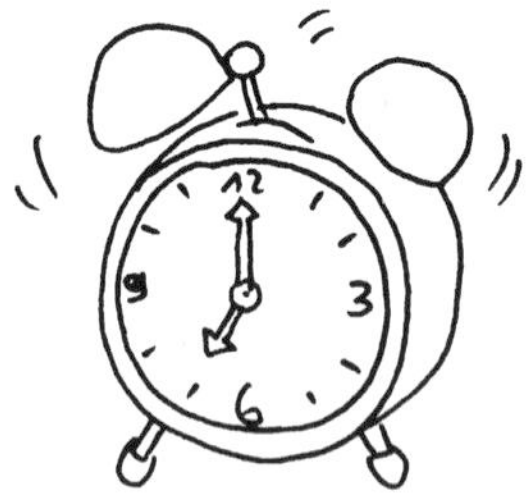 ○ Telefon ○ Wecker ○ Uhr

Würfelwörter

→ Karte 23

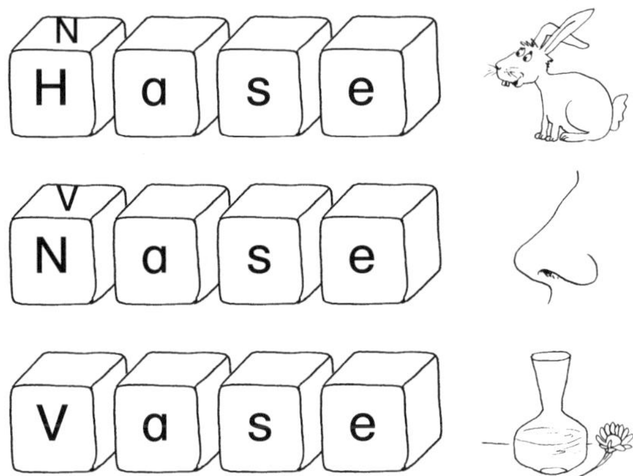

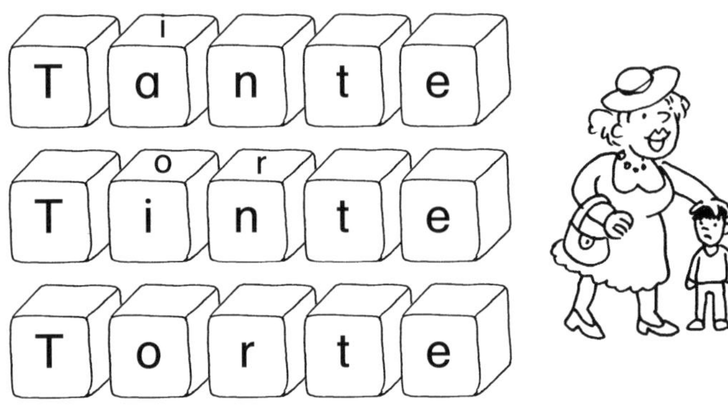

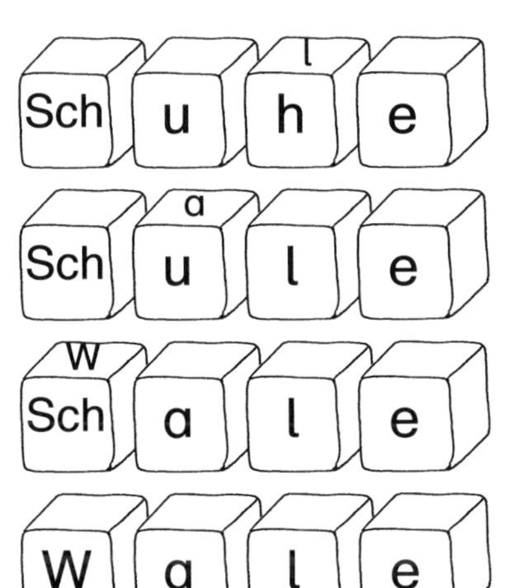

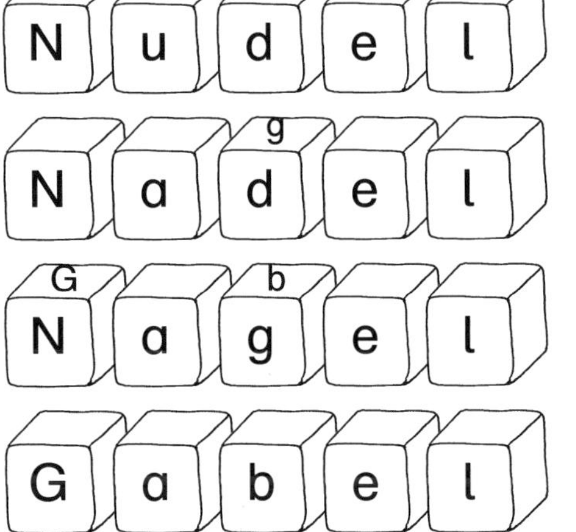

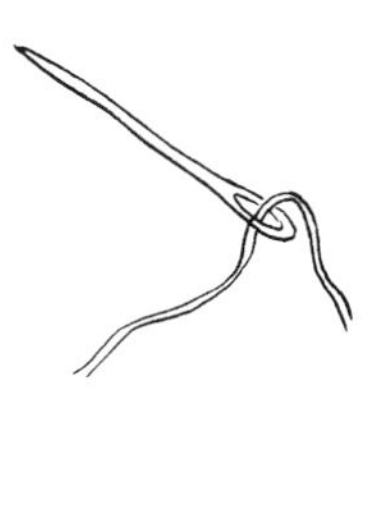

KV 25 Buchstabenaufzug

→ Karte 24

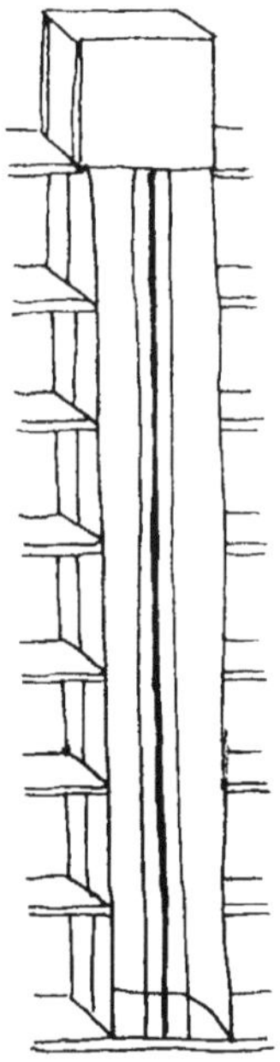

Mau	
Ha	e
Ho	e
Anana	
Wur	t
Ro	e
Am	el

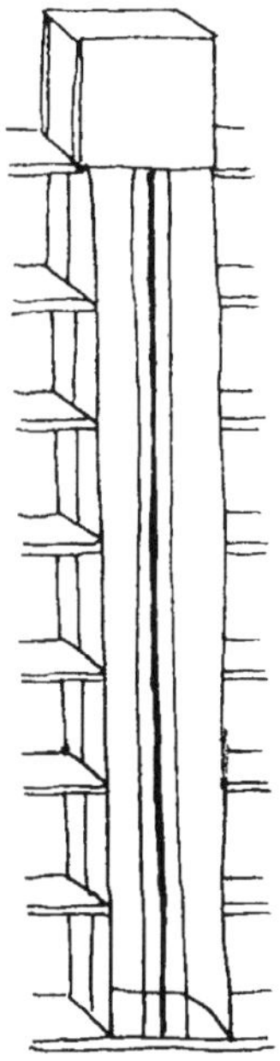

Hu	
Ka	er
Au	o
Bro	
Trompe	e
Luf	
mal	

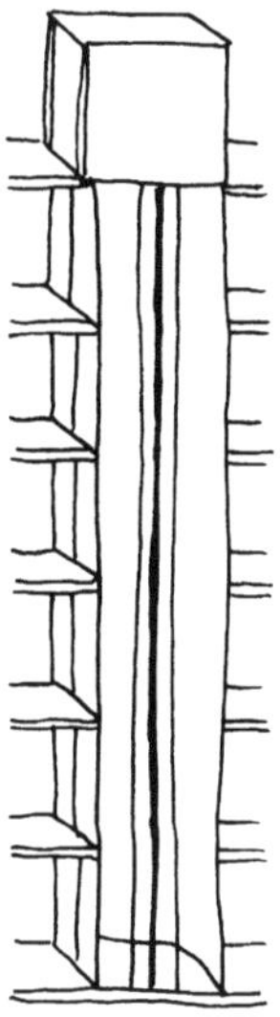

Pa	a
Tem	o
sto	p
Hu	e
Lam	e
Aus	uff

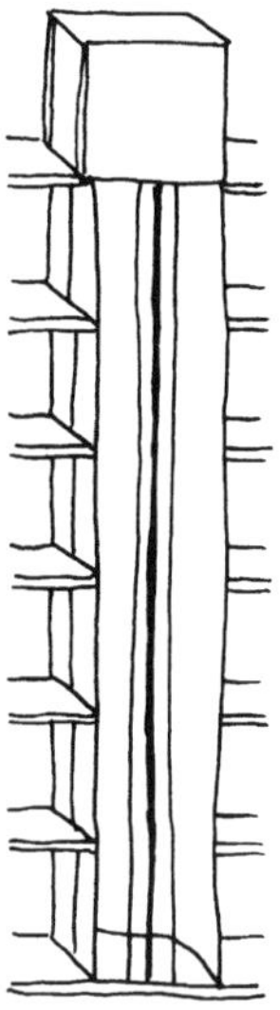

	lein
Wol	e
An	er
Ke	s
Schran	
Ra	ete

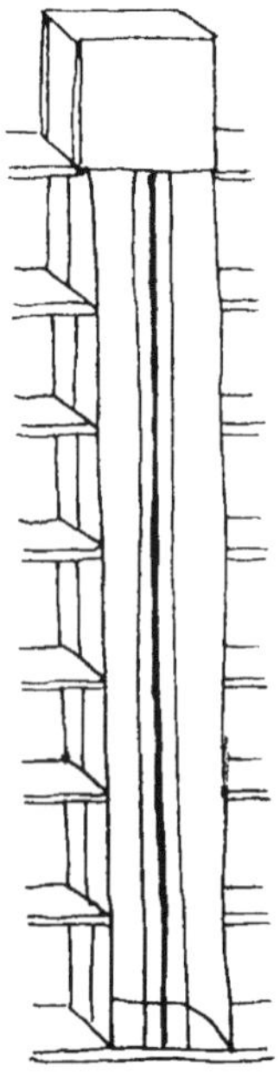

T	r
Lim	
M	nd
T	mate
Aut	
V	gel
Sch	ko

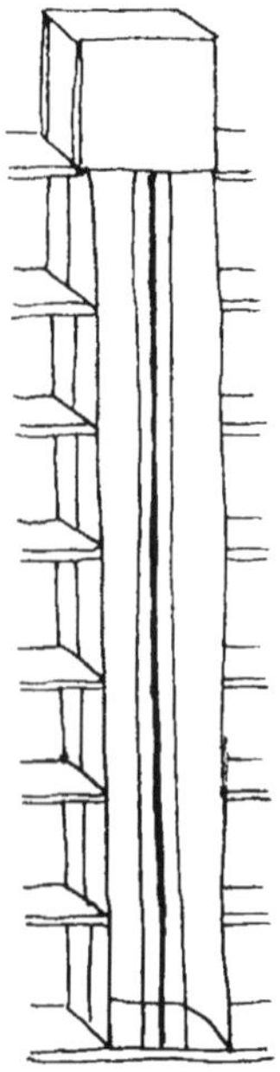

Fi	
Ta	e
Fla	e
	wer
	nell
wa	en
fal	

Satzberge

→ Karte 25

Satzberg 1

Der

Der Igel

Der Igel frisst

Der Igel frisst sich

Der Igel frisst sich einen

Der Igel frisst sich einen Winterspeck

Der Igel frisst sich einen Winterspeck an.

Satzberg 2

Ich

Ich mag

Ich mag Sport

Ich mag Sport sehr

Ich mag Sport sehr gern.

Satzberg 3

Mein

Mein Hund

Mein Hund heißt

Mein Hund heißt Bello

Mein Hund heißt Bello und

Mein Hund heißt Bello und ist

Mein Hund heißt Bello und ist sehr

Mein Hund heißt Bello und ist sehr frech.

Satzberg 4

Tina

Tina und

Tina und Tom

Tina und Tom essen

Tina und Tom essen ein

Tina und Tom essen ein Eis

Tina und Tom essen ein Eis mit

Tina und Tom essen ein Eis mit Sahne.

Satzberg 5

Maria schreibt

Maria schreibt ab

Maria schreibt ab morgen

Maria schreibt ab morgen täglich

Maria schreibt ab morgen täglich eine

Maria schreibt ab morgen täglich eine Seite

Maria schreibt ab morgen täglich eine Seite weniger

Maria schreibt ab morgen täglich eine Seite weniger ins

Maria schreibt ab morgen täglich eine Seite weniger ins Heft.

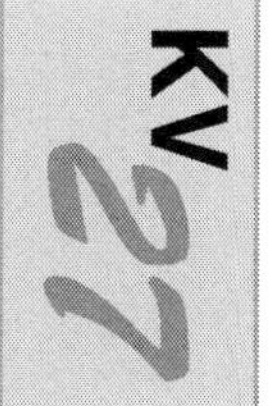

KV 27 Zaubersätze (1)

→ Karte 26

Zaubersätze 1

Tom ist mit Niko in der Eisdiele.
Das Eis ist lecker.
Niko nimmt ein Eis für Mama
mit nach Hause.
Mama mag am liebsten Schokoladeneis.

Tom ist mit Niko in der Eisdiele.
Das Eis ist lecker.
Niko nimmt ein Eis für Mama mit nach Hause.
Mama mag am liebsten Schokoladeneis.

Zaubersätze 2

Ist das wahr?
Katzen bellen laut.
Hunde fliegen über den Wolken.
Hamster bauen Nester.
Die Ameise reitet auf einem Besen.
Züge fahren im Wasser.
Du weißt bestimmt, was hier nicht stimmt.

Ist das wahr?
Katzen bellen laut.
Hunde fliegen über den Wolken.
Hamster bauen Nester.
Die Ameise reitet auf einem Besen.
Züge fahren im Wasser.
Du weißt bestimmt, was hier nicht stimmt.

Zaubersätze 3

Pferde fressen gern Brot.
Hunde lieben Knochen.
Vögel picken Körner.
Meine Katze frisst gerne Fisch.
Was ist dein Leibgericht?

Pferde fressen gern Brot.
Hunde lieben Knochen.
Vögel picken Körner.
Meine Katze frisst gerne Fisch.
Was ist dein Leibgericht?

Zaubersätze 4

In der Schule
Moni redet mit der Lehrerin.
Ben und Roman lernen das ABC.
Leon liest in einem Buch.
Tina schreibt das Datum an die Tafel.

In der Schule
Moni redet mit der Lehrerin.
Ben und Roman lernen das ABC.
Leon liest in einem Buch.
Tina schreibt das Datum an die Tafel.

Auf DIN A3 vergrößern.

Zaubersätze (2)

→ Karte 26

Zaubersätze 5

Im Wald gibt es viel zu entdecken.
Die großen Bäume schaukeln im Wind.
Die Vögel bauen Nester in den Baumkronen.
Der weiche Waldboden duftet nach Moos.
Viele Tiere haben im Wald ihr Zuhause.

Im Wald gibt es viel zu entdecken.
Die großen Bäume schaukeln im Wind.
Die Vögel bauen Nester in den Baumkronen.
Der weiche Waldboden duftet nach Moos.
Viele Tiere haben im Wald ihr Zuhause.

Zaubersätze 6

Ausflug zum See
Familie Müller möchte zum See radeln.
Im Gepäck haben sie ihr neues Schlauchboot.
Tim ist schon ganz aufgeregt.
Endlich geht es los.
Doch plötzlich fällt Mama ein, dass sie die Brotzeit vergessen hat.

Ausflug zum See
Familie Müller möchte zum See radeln.
Im Gepäck haben sie ihr neues Schlauchboot.
Tim ist schon ganz aufgeregt.
Endlich geht es los.
Doch plötzlich fällt Mama ein, dass sie die Brotzeit vergessen hat.

Zaubersätze 7

Wohin geht die Reise?
Familie Huber macht Reisepläne.
Urlaub am Meer in Italien?
Wandern in den Bergen?
Oder doch eine Bootsfahrt auf dem See?
Jetzt wird abgestimmt.
Wohin würdest du reisen?

Wohin geht die Reise?
Familie Huber macht Reisepläne.
Urlaub am Meer in Italien?
Wandern in den Bergen?
Oder doch eine Bootsfahrt auf dem See?
Jetzt wird abgestimmt.
Wohin würdest du reisen?

Zaubersätze 8

Hamster Rudi
Rudi ist ein Hamster. Er gehört Susi.
Am Nachmittag möchte Susi mit Rudi spielen.
Doch er versteckt sich wieder in seinem Häuschen.
Susi weiß, wie sie ihn herauslocken kann.
Du auch?

Hamster Rudi
Rudi ist ein Hamster. Er gehört Susi.
Am Nachmittag möchte Susi mit Rudi spielen.
Doch er versteckt sich wieder in seinem
Häuschen.
Susi weiß, wie sie ihn herauslocken kann.
Du auch?

Auf DIN A3 vergrößern.

Satzfächer

→ Karte 27

fischt
einen
Tom
großen
Fisch

Nina
die
nascht
leckere
Schokolade

Sommer
scheint
im
die
Sonne

Wir
Bild
malen
buntes
ein

die
gießt
bunten
Eva
Blumen

der
Auf
summen
Wiese
Bienen

KV 29 Satzwürfel

→ Karte 28

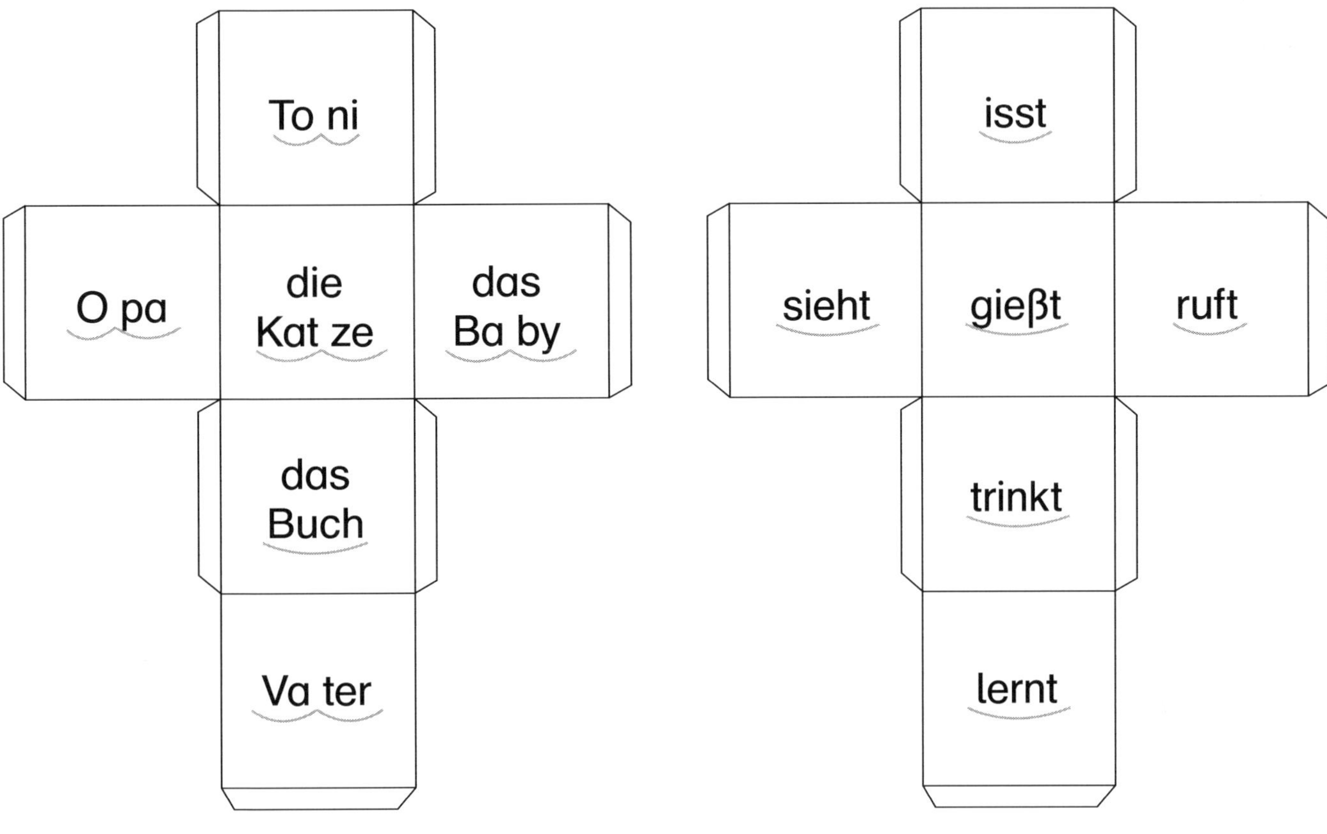

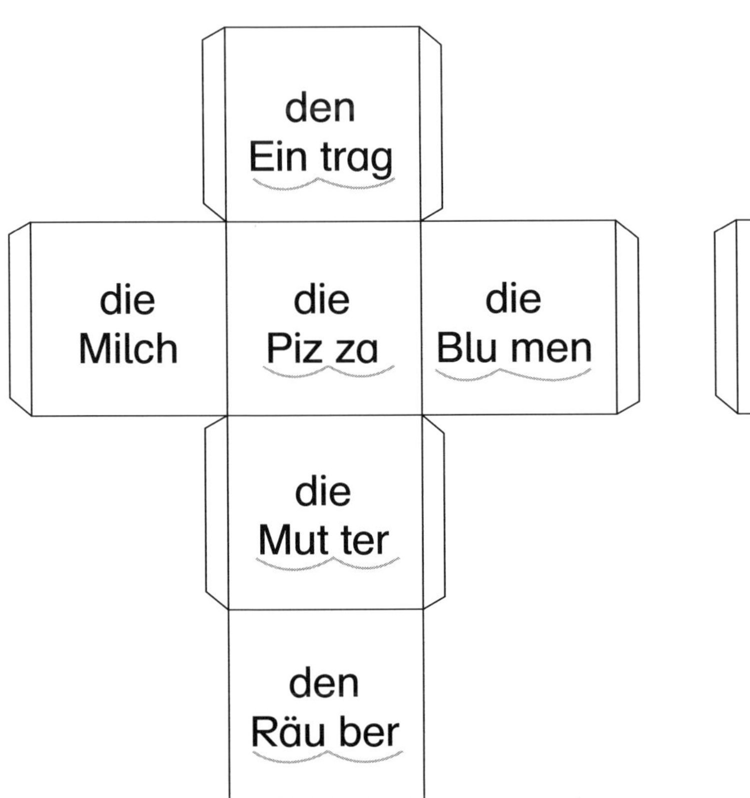

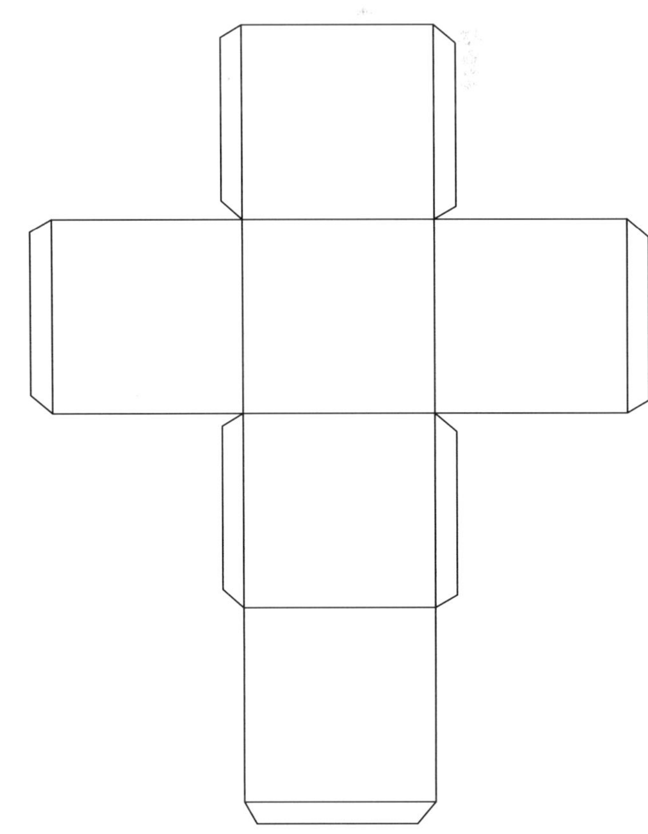

Auf DIN A3 vergrößern.

KV 30 Leseberge

→ Karte 29

Leseberg 1

Willi geht
in die zweite Klasse.
Jeden Tag kommt er zu spät in die
Schule. Seine Lehrerin schimpft.
Willi verspricht sich
einen Wecker zu
besorgen.

Leseberg 2

Auf einem
Baum vor dem Haus singt
ein Vogel. Der Schneemann schmilzt.
Die Sonne wird immer stärker. Die ersten
Blumen blühen schon. Karin pflückt einige
Blümchen. Zu Hause
stellt sie die Blumen
in die Vase.

Leseberg 3

Im afrikanischen
Dschungel leben viele Tiere:
Löwen, Elefanten, Giraffen und Zebras.
Eine Reise dorthin ist bestimmt sehr
aufregend.

Leseberg 4

Auf einem
Baum vor dem Haus
singt ein Vogel. Die Krokusse blühen
schon. Susi pflückt einige Blümchen. Zu
Hause gibt sie diese in eine Vase und
schenkt sie der Mutter.

Leseberg 5

Der April,
der weiß nicht was er will.
Am Morgen gibt es Sonnenschein,
doch gleich darauf trifft Regen ein.
Auch Wind ist keine Seltenheit,
und manchmal ist
auch Schnee
nicht weit.

Leseberg 6

Weißt du,
dass Löwen Angst vor
Mäusen haben? Dieses riesige Tier
mit scharfen Zähnen hat Angst vor einer
kleinen Maus. Sonst brüllt er gefährlich.
Doch beim Anblick einer Maus
bekommt er keinen Ton
mehr heraus.

Leseberg 7

Im Herbst
ist das Wetter oft
regnerisch und kalt. Oft bläst auch
ein stürmischer Wind. Aber manchmal
ist es auch noch sehr warm und
die Sonne scheint. Dann lässt
Tina ihren Drachen
steigen.

Leseberg 8

Rudi
hat ein neues
Auto. Es ist ein Rennauto. Er hat
es von seiner Tante. Der Wagen ist rot.
Vorne hat er zwei moderne Scheinwerfer.
Die Reifen sind sehr breit. Rudi
gefällt sein neues Auto gut und
er spielt oft
damit.

Auf DIN A3 vergrößern.

KV 31 Silbentexte

→ Karte 30

Ameise

Auf der Welt gibt es über 3000 Ameisenarten. Bei uns im Wald lebt die rote Waldameise. Sie baut einen Hügel aus Tannennadeln und Holzstücken. In jeder Ameisenkolonie gibt es Arbeiterinnen und eine Königin. Sie legt die Eier, aus denen später Larven und schließlich Ameisen werden. Die Arbeiterinnen kümmern sich um die Nahrung.

Bär

Wir kennen verschiedene Bärenarten. Eisbären mögen das kalte Wetter. Sie fressen Robben. Braunbären sind Pflanzenfresser. Sie mögen Nüsse, Beeren und Honig.

In China gibt es den Pandabären. Er frisst gerne Bambusblätter. Der Pandabär ist sehr selten und vom Aussterben bedroht.

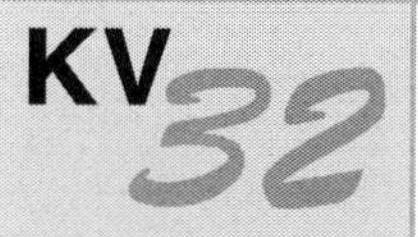

KV 32 Kuckuckseier → Karte 31

Stift, Radiergummi, Füller, Kleber, Kirsche

Pferd, Sattel, Zügel, Stiefel, Krokodil

Mixer, Ofen, Kartoffel, Messer, Brett

Hai, Wal, Delfin, Katze, Goldfisch

Tisch, Stuhl, Bank, Stift, Schrank

Käfer, Ameise, Raupe, Regenwurm, Pferd

Hefte, Bücher, Ordner, Kleber, Block

Brief, CD, Prospekt, Zeitung, Block

Gurke, Tomate, Möhre, Kohl, Banane

Tiger, Löwe, Elefant, Kaktus, Kamel

Hose, T-Shirt, Jacke, Hemd, Bürste

Teller, Ente, Messer, Gabel, Glas

Banane, Ananas, Apfel, Gurke, Kirsche

Amsel, Rabe, Uhu, Fink, Tiger

Clown, Seiltänzer, Feuer-schlucker, Tiger

Reis, Nudeln, Gabel, Käse, Wurst

KV 33 Wörterkette → Karte 32

Schranktür

Kleider-schrank

Abendkleid

Sommer-abend

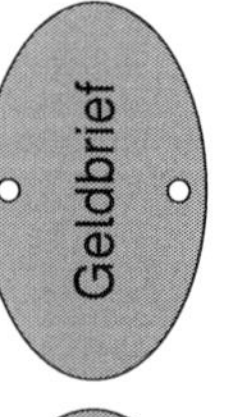

Taschengeld

Schlüssel-tasche

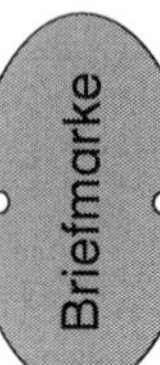

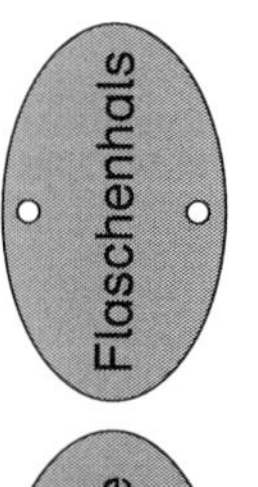

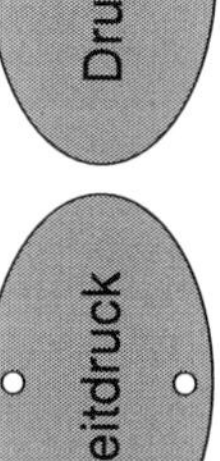

Zeitdruck

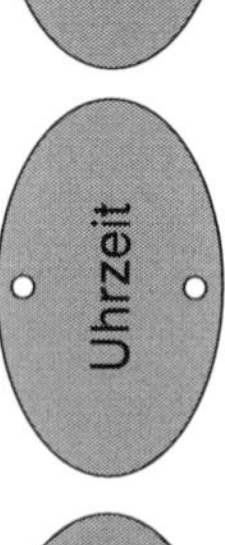

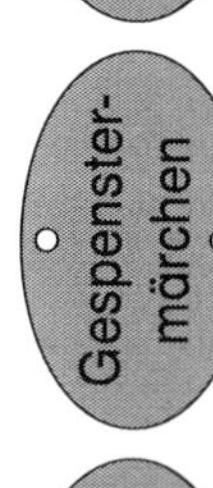

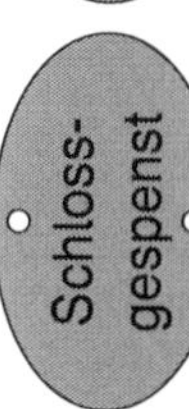

Jeweils auf DIN A4 vergrößern.

KV 34 Bilderrätsel

→ Karte 33

Suppe Puppe
Fisch Tisch
Kopf Knopf
Hund Mund
Kerze Katze

KV 35 Versteckte Tiere

→ Karte 34

Hundefutter

Meckerziege

Bärenhunger

Bücherwurm

Osterhase

Vogelnest

Katzenpfote

Wald

Bienenschwarm

Ameisenhaufen

Froschteich

Leseratte

Graben

Kaffee

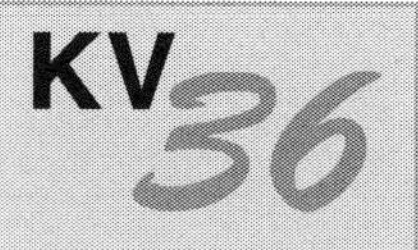

KV 36	Was gibt es im Garten?	→ Karte 35

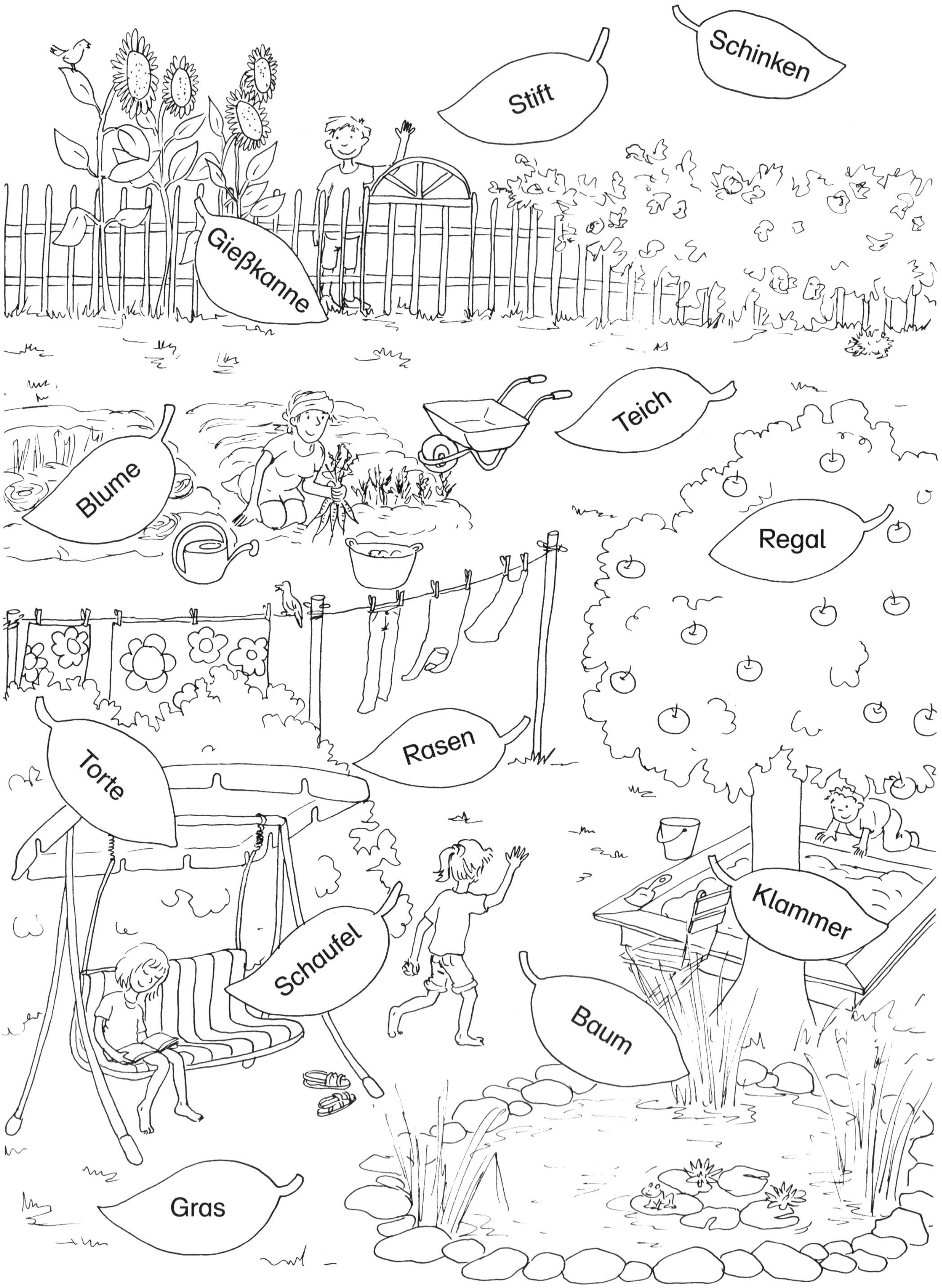
Schinken
Stift
Gießkanne
Teich
Blume
Regal
Rasen
Torte
Klammer
Schaufel
Baum
Gras

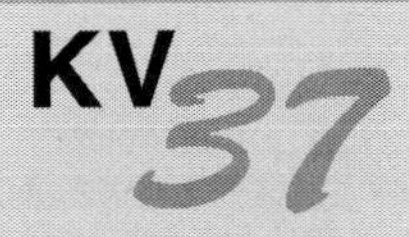

Was gibt es in der Küche?

→ Karte 36

Regal

Auto

Topf

Kartoffeln

Zirkel

Straße

Flasche

Suppe

Hund

Zucker

Herd

Spitzer

B. Ganser (Hg.)/S. Kroll-Gabriel: Lese-Rechtschreib-Schwierigkeiten – Fördermaterialien 2: Lesen

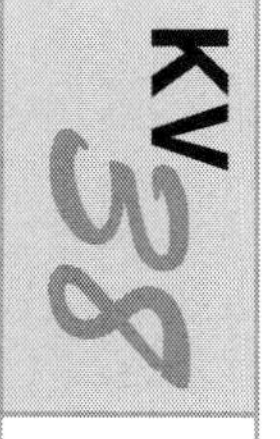

Stolpersätze

→ Karte 37

Stolpersätze 1 *Familie*	Lösung
Papa schwimmt im Pool Garten.	Garten
Mama kocht Herd eine Suppe.	Herd
Die Kinder Familie spielen am Computer.	Familie
Der Hund schläft bellen in der Hütte.	bellen
Tom und Niko spielen im Sandkasten Burg.	Burg
Susi pflückt Sterne einen Blumenstrauß.	Sterne

Stolpersätze 2 *Freizeit*	Lösung
Tom und Niko treffen sich bis auf dem Fußballplatz.	bis
Daniel fährt geflogen gerne Ski.	geflogen
Niklas liebt spielen Basketball.	spielen
Ronnie liest ein Radio spannendes Buch.	Radio
Im Turnen Einrad ist Ronja spitze.	Einrad
Das Jonglieren Bälle macht Fabian Spaß.	Bälle

Stolpersätze 3 *Arbeit*	Lösung
Mama ist gerade auf im Büro.	auf
Papa repariert das Auto neu in der Garage.	neu
Unser Haus braucht einen neuen Anstrich bunt.	bunt
Der Sturm weht hat die Ziegel vom Dach geschmissen.	weht
Bäcker Müller Mehl backt Brezeln und Brote.	Mehl
Der Kaminkehrer kehren klettert auf das Dach.	kehren

Stolpersätze 4 *Tiere*	Lösung
Die kleine flauschig Katze ist leicht wie eine Feder.	flauschig
Am Nordpol Eisbär herrschen eisige Temperaturen.	Eisbär
Die Schlange sucht giftig nach Beute.	giftig
Der Knochen Hund schnappt das Stöckchen.	Knochen
Die jungen Vögel Nester schlüpfen aus Eiern.	Nester
Das Pferd frisst Hafer Salami.	Salami

Stolpersätze 5 *Obst*	Lösung
Die Kirschen hängen geerntet am Baum.	geerntet
Erdbeeren rot lieben alle Kinder.	rot
Äpfel sind nicht gesund.	nicht
Die grüne Kiwi schmeckt noch mit etwas sauer.	mit
Bananen Affen wachsen im Dschungel.	Affen
Tom beißt in auf eine Birne.	auf

Stolpersätze 6 *Gemüse*	Lösung
Zum Essen gibt es Paprika Kern.	Kern
Spinat ist lecker hinter zu Kartoffeln.	hinter
Die Gurken sind schon reif saftig.	saftig
Max liebt Hausaufgaben Tomaten.	Hausaufgaben
Radieschen wachsen im Sonne Sommer.	Sonne
Morgen gibt es Wochenende Kohlrabi.	Wochenende

Auf DIN A3 vergrößern.

B. Ganser (Hg.)/S. Kroll-Gabriel: Lese-Rechtschreib-Schwierigkeiten – Fördermaterialien 2: Lesen

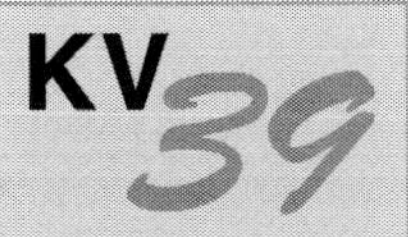

Schmetterlingssätze

→ Karte 38

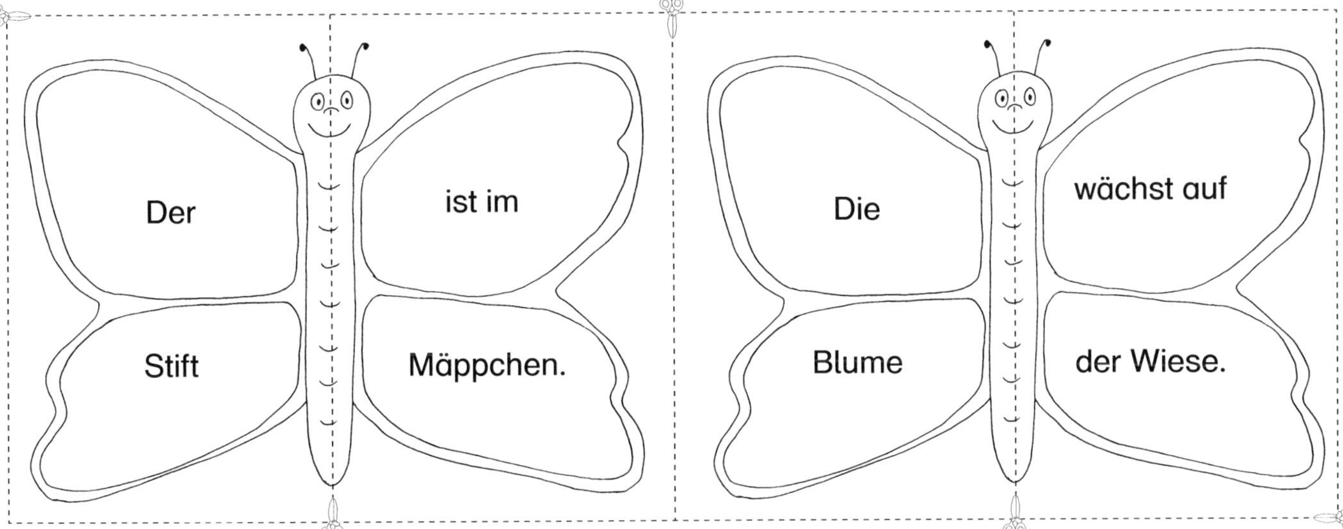

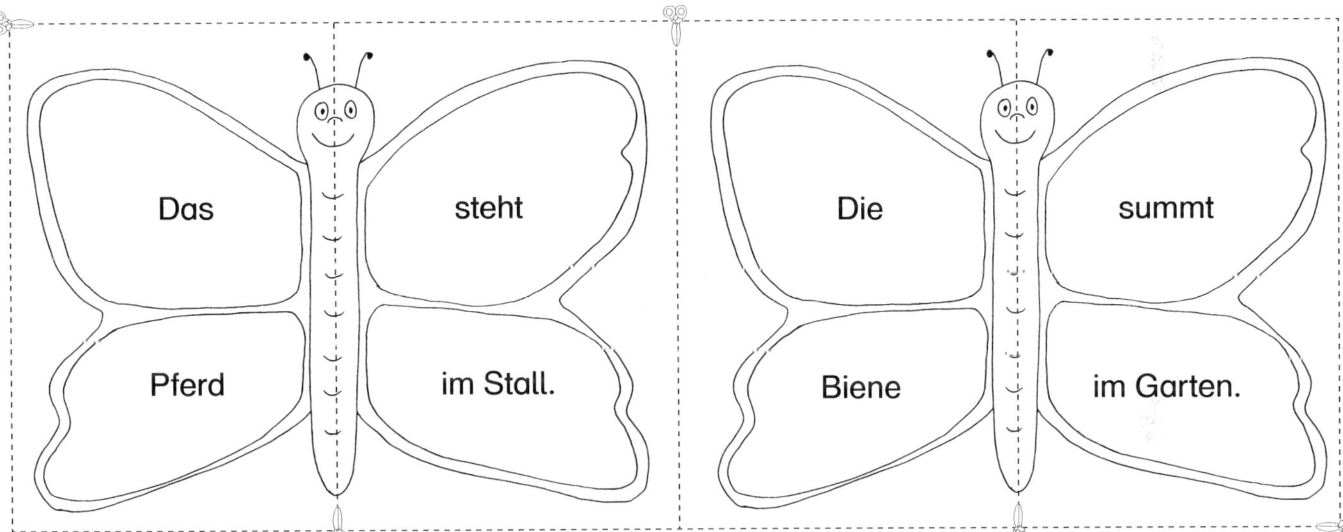

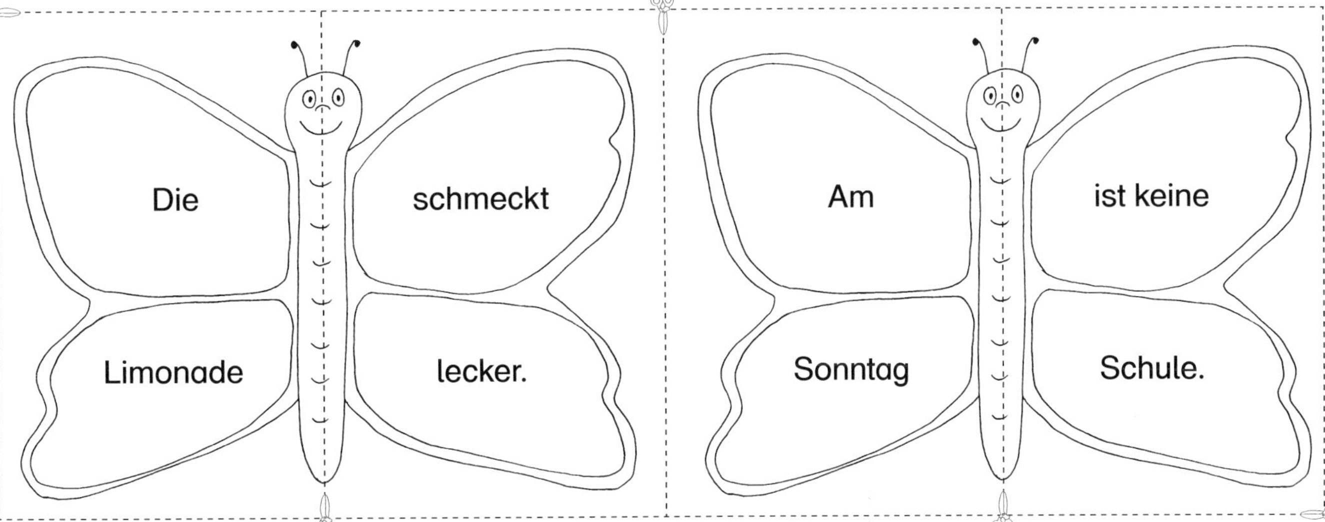

Wahr oder falsch?

→ Karte 39

	Wahr	Falsch
Auf der Waage kann man ablesen, wie spät es ist.		
Auf der Autobahn fahren viele Traktoren.		
Papa ist am Abend nach der Arbeit müde, weil er den ganzen Tag gespielt hat.		
Der Elefant ist ein großes, schweres Tier mit einem langen Rüssel.		
Man kann mit einem Autobus bis zum Mond fahren.		
Hühner und Gänse gehören zur Familie der Raubtiere.		
Die Fußballspieler versuchen den Fußball in den Korb zu schießen.		
Der Teddybär ist hart, hat keinen Pelz und kein Kind mag ihn.		
Im Zimmer hängt der Teppich an der Decke und die Lampe liegt auf dem Boden.		
Die Hühner des Bauern legen bunte Eier.		
Bienen sammeln auch im Winter fleißig Honig.		
Die Ameise ist ein großes Tier.		

KV 41 Welcher Satz stimmt? → Karte 40

Die Brüder sehen sich ähnlich.	○	Der Kalender dreht sich.	○
Die Brüder sehen sich ängstlich.	○	Der Keller dreht sich.	○
Die Brüder sehen sich gefährlich.	○	Das Karussell dreht sich.	○
Das Seil zieht sich zusammen.	○	Stell dich nicht dumm!	○
Das Seil zeigt sich zusammen.	○	Stell dir nicht dumm!	○
Das Beil zieht sich auseinander.	○	Stell da nicht dumm!	○
Mutter macht sich guten Morgen.	○	Der Arzt gibt mir eine Spitze.	○
Mutter macht sich große Sorgen.	○	Die Angst gibt mir eine Spritze.	○
Mutter macht sich große Sorten.	○	Der Arzt gibt mir eine Spritze.	○

Im Wald gibt es schöne Wege. ○
Im Wald gibt es schöne Stege. ○
Im Wald gibt es schöne Weiden. ○

KV 42 Die Qual der Wahl (Lesekarten) → Karte 41

Die Ostereier bringt der Niko-laus/Osterhase.	Max badet in der Wanne/Kanne.	Auf dem Baum hängen viele Kirchen/Kirschen.	Der Koch/Bäcker macht eine Suppe.
Der Herd macht das Essen heiß/kalt.	Der Astronaut fliegt zum Mond/Mund.	Ich esse frische Tauben/Trauben.	Ich fahre auf dem See mit einem Boot/Beet.
In der Nacht siehst du die Sonne/Sterne.	Der Anker/Angler fängt einen großen Fisch.	Am Abend lege ich mich in mein Bett/Brett.	Der Stürmer schießt ein Ohr/Tor.
Im Sommer friere/schwitze ich.	Die Familie ist nach dem Ausflug müde/wach.	Ich lese gerne spannende Bücher/Tücher.	Tim schläft auf weichen Kissen/Kisten.
Ich schwimme im See/Tee.	Im Garten blühen die Rosen/Dosen.	Im Wald wächst eine große Tonne/Tanne.	Sarah mag eine grüne Birne/Biene.

Die Qual der Wahl (Spielbrett) → Karte 41

ZIEL

START

B. Ganser (Hg.)/S. Kroll-Gabriel: Lese-Rechtschreib-Schwierigkeiten – Fördermaterialien 2: Lesen

Tu, was da steht!

→ Karte 42

Geh zur Tafel und schreibe deinen Namen an.	Der Ritter trinkt
Klatsche dreimal in die Hände.	eine Tasse heiße Milch.
Hüpfe auf einem Bein.	Die Prinzessin schläft
Öffne das Fenster und schließe es wieder.	in der Küche.
Sage das ABC ganz schnell auf.	Das Burgfräulein kocht
Pfeife dein Lieblingslied.	ein scheußliches Festmahl.
Belle wie ein Hund.	Der Pferdewagen fährt
Buchstabiere das Wort „Schulhaus".	im Stall.
Winke der Lehrerin zu.	Zum Abendessen gibt es
Mache fünf Kniebeugen.	ein lustiges Lied.
Buchstabiere deinen Namen rückwärts.	Der Knappe schmeißt
Schreibe eine Zahl auf den Rücken eines Mitspielers.	den Ritter vom Pferd.
Klatsche einen Rhythmus, die anderen klatschen nach.	Die Prinzessin wartet
Zähle schnell bis zwanzig.	auf den Bären.
Stell dich auf deinen Stuhl.	Der König sitzt
Bring deine Mitspieler zum Lachen.	auf einer Leiter.

Auf Karton kopieren, Unsinnsätze auf die Rückseite umknicken, festkleben, laminieren und ausschneiden.

Wer bin ich?

→ Karte 43

Sie geht immer vorwärts und bleibt niemals stehen. Uhr	Sie bringt dich zum Weinen, schmeckt aber sehr lecker im Salat. Zwiebel	Es hat vier Beine, kann aber nicht gehen. Dafür muss es immer stehen. Tisch
Ich habe einen Kamm, aber ich kämme mich nie. Außerdem habe ich Sporen und reite niemals. Hahn	Sie wächst im Garten und beißt alle Leute, die sie berühren. Brennessel	Damit fängt der Tag an und hört die Nacht auf. Der Morgen/Das „t“
Kennst du eine Mausefalle mit fünf Buchstaben? Katze	In der Zeitung mag sie keiner haben. Als Braten schmeckt sie vorzüglich. Ente	Schau in ihn hinein, dann siehst du jemanden, den du gut kennst. Spiegel
Er begleitet dich immerzu. Bei Sonnenschein siehst du ihn ganz genau. Schatten	Es hört immer gut zu, sagt aber selbst nie ein Wort. Ohr	Diese Blume mag keine Sonne. Sie liebt die kalte Jahreszeit. Eisblume
Was steht zwischen Tag und Nacht? Das „und“	Was ist leichter: ein Kilo Federn oder ein Kilo Eisen? Gleich schwer, beides ein Kilo	Es ist eine Straße, auf der noch nie ein Mensch gefahren ist. Es gibt sie wirklich, du siehst sie in der Nacht. Milchstraße

KV 46 Alles durcheinander

→ Karte 44

Bei 200 Grad werden sie 8–10 Minuten gebacken.	E
Dann den Teig ca. 30 Minuten in den Kühlschrank stellen.	U
Rolle den Teil danach aus. Schließlich kannst du Formen ausstechen.	T
Die fertigen Butterplätzchen können je nach Geschmack mit Schokolade oder Puderzucker verziert werden.	R
Zuerst verarbeitest du die Zutaten zu einem Teig.	B
Verteile die Plätzchen nun auf einem Backblech und schiebe sie in den vorgeheizten Ofen.	T

Lösungswort: __ __ __ __ __ __

Dann schneidest du die Stiele ab.	R
Gieße die fertige Erdbeermilch in ein Glas.	E
Jetzt gibst du die Erdbeeren in den Mixer.	B
Mit einem Küchenmesser halbierst du die Erdbeeren.	D
Gieße die Milch in den Mixer.	E
Zuerst wäschst du die Erdbeeren.	E
Mixe das Ganze ungefähr zwei Minuten.	R
Schließe den Mixer und schalte ihn ein.	E
Lass dir das fertige Getränk gut schmecken.	N

Lösungswort: __ __ __ __ __ __ __ __ __

Wer ist wer?

Moni ist ein blondes Mädchen. Das andere Mädchen, Tina, hat braune Haare. Alle Kinder freuen sich auf den ersten Schultag. Besonders gespannt ist die Erstklässlerin Tina im pinkfarbenen Kleid, die stolz ihre bunte Schultüte in der Hand trägt. Moni hat einen roten Schulranzen, eine neue Jeans und neue grüne Sportschuhe in den Ferien bekommen. Markus hat es besonders eilig zur Schule zu kommen. Er schreitet schnell in seiner neuen gelben Hose und dem passenden blauen T-Shirt voran. Seine kleine Schwester ist schon vorgelaufen. Auch Moritz begleitet seine Schwester Tina am ersten Schultag bis ins Klassenzimmer, damit sie sich in der großen Schule nicht verirrt. Er trägt das Trikot seines Lieblings-Fußballvereins. Weißt du nun, wer wer ist?

Auf dem Spielplatz

Lisa trägt ein rotes Kleid mit gelben Punkten. Sie sitzt auf der Schaukel und lacht vergnügt. An der Schaukel lehnt ihr Bruder Tom. Er trägt eine rote Baseballmütze, ein blaues T-Shirt und eine coole Jeans. Der Vater spielt mit dem Jüngsten, Felix, Baseball. Papa ist besonders auf sein grünes Trikot stolz. Dazu passt die blaue Hose. Felix hat sein lilafarbenes Lieblings-Sweatshirt und eine orange Hose an. Wo ist eigentlich die Mutter? Sie sitzt unter dem großen Kirschbaum und liest ein Buch. Lustig, die Jungs der Familie haben alle blonde Haare, die der Mädchen sind jedoch dunkel.

B. Ganser (Hg.)/S. Kroll-Gabriel: Lese-Rechtschreib-Schwierigkeiten – Fördermaterialien 2: Lesen

KV 48 Schlüsselwörter

→ Karte 46

Tannenbäume können über 400 Jahre alt werden. Sie werden bis zu 45 m hoch und haben einen kräftigen, weißgrauen geraden Stamm.
Die Früchte der Tanne heißen Tannenzapfen und stehen aufrecht auf den Zweigen. Die Zapfenspindel bleibt an den Zweigen zurück.
Aus dem weichen Tannenholz macht man Möbel.

Fichtenholz verwendet man zur Herstellung von Papier und Möbeln. Fichtenbäume werden bis zu 300 Jahre alt. Sie können bis zu 45 m hoch werden. Die Fichte hat eine rötlich-braune, schuppige Rinde.
Bei den Fichten hängen die Zapfen an den Ästen nach unten. Die Fichtennadeln sind spitz und wachsen rund um die Zweige. Sie wächst sehr schnell.

Die Lärche ist der einzige Nadelbaum, der im Herbst die Nadeln abwirft. Die Nadeln sind weich, kurz und hellgrün. Sie stehen in Büscheln. Die kleinen Zapfen fallen erst mit dem abgestorbenen Ast ab.

Die Lärche wird bis zu 40 m hoch und kann 600 Jahre alt werden. Der Stamm ist anfangs graubraun und glatt, später hellbraun und zerfurcht.

Ursprünglich war die Lärche in den Alpen beheimatet, heute wird sie vielfach als Zier- und Forstbaum verwendet. Das Holz verwendet man zur Herstellung von Fußböden. Aus den Nadeln gewinnt man ein terpentinhaltiges Öl.

Die Kiefer wird auch Föhre genannt. Sie wird bis zu 200 Jahre alt und 40 m hoch.
Die Nadeln sind spitz und stehen paarweise, dicht wachsend und sind grau- bis blaugrün und längsgestreift. Die Zapfen sind zuerst grün und geschlossen, reifen und fallen erst nach drei Jahren ab. Kiefernzapfen zeigen das Wetter an: Ist es trocken, entfalten sie sich. Ist es aber feucht, dann schließen sie sich.
Kiefernholz verwendet man für Bauholz und Möbel. Aus dem Harz wurde Pech erzeugt.

Baumart	Verwendung	Zapfen/Nadeln	Wuchs
Tanne	Möbel	aufrecht	45 m hoch, weißgrauer Stamm
Fichte	Papier, Möbel	nach unten, spitz	45 m hoch, rötlich-braune, schuppige Rinde
Lärche	Zier- und Forstbaum, Fußböden, Öl	weich, kurz, hellgrün/ klein	40 m hoch, graubrauner, glatter Stamm, später hellbraun, zerfurcht
Kiefer	Bauholz, Möbel, früher Pech	spitz, paarweise, dicht/ zeigen Wetter an	40 m hoch

KV 49 Schlüsselwörter suchen

→ Karte 46

Der Fuchs gehört zu den Raubtieren und lebt im Wald in einem Erdbau. Er ist sehr nah mit dem Hund verwandt. Das dichte Fell ist rotbraun. Wangen, Bauch und die Innenseiten der Beine sind weiß. Mit seinen spitzen Ohren hört er sehr gut. Ein ausgewachsener Fuchs wiegt rund sieben Kilogramm. Am liebsten frisst der Fuchs Kleintiere, wie Kaninchen, Mäuse oder Vögel. Vor allem in der Nacht jagt er seine Beute.

Der Eichelhäher trägt ein schönes, braunseidenes Gefieder und hat einen „Schopf" am Kopf. Er zählt zu den Rabenvögeln und ernährt sich von Käfern, Beeren, Bucheckern und natürlich Eicheln. Bestimmt hast du den Ruf des Eichelhähers, ein lautes Kreischen „Raaaatsch, Raaatsch", schon gehört, wenn er in seiner Heimat, dem Wald, suchend umherstreift. Damit der Eichelhäher im Winter genug Futter hat, sammelt er im Herbst Früchte und Samen und versteckt sie unter der Erde, damit er bis zum Frühjahr genug zum Fressen hat.

Die Waldameise ist ca. 8 mm lang und hat sechs Beine. Ihr harter Panzer ist meist schwarz gefärbt. Durch ihre Fühler am Kopf, die auch Antennen genannt werden, kann sie sich gut orientieren. Sie lebt nie allein, sondern mit ihren Artgenossen in einem großen Ameisenhaufen. Am liebsten frisst die Ameise schädliche Insekten.

Der Buntspecht ist ein mittelgroßer Vogel mit buntem Gefieder. Er lebt im Wald in Baumhöhlen. Mit seinen scharfen Krallen kann er sich gut an der Rinde von Bäumen festhalten. Am liebsten frisst er Larven und Insekten, die er mit seinem spitzen Schnabel aus der Baumrinde hackt. Deshalb nennt man ihn auch den Hämmerer.

Das Reh lebt mit seiner Familie zusammen im Wald. Es ist ein 100–140 cm großes Huftier mit rotbraunem Fell. Allerdings verfärbt sich das Fell im Winter und ist dann eher graubraun. Das Reh frisst Knospen, Gras, Eicheln, Pilze und Laub. Die Männchen, die Rehböcke, haben ein kleines Gehörn auf dem Kopf. Die jungen Rehe heißen Kitze und ihr Fell trägt weiße Flecken.

Reh	Aussehen ______	Nahrung ______	Lebensraum ______
Buntspecht	Aussehen ______	Nahrung ______	Lebensraum ______
Waldameise	Aussehen ______	Nahrung ______	Lebensraum ______
Eichelhäher	Aussehen ______	Nahrung ______	Lebensraum ______
Fuchs	Aussehen ______	Nahrung ______	Lebensraum ______